Nathalie Vogtlin
diététicienne

Le petit livre de

Recettes minceur aux épices et aromates

Un ouvrage dirigé par Florence Le Bras

FIRST
Editions

ISBN 2-75400-010-0
Dépôt légal : 1er trimestre 2005
Imprimé en Italie

Mise en pages : Georges Brevière

Éditions Générales First
27, rue Cassette, 75006 Paris
Tél : 01 45 49 60 00
Fax : 01 45 49 60 01
e-mail : firstinfo@efirst.com

INTRODUCTION

Les aromates ou plantes aromatiques constituent un élément indispensable de la cuisine car ils rehaussent agréablement la saveur de bien des mets. Qu'ils soient utilisés directement dans des préparations, selon certains accords de goût (basilic, origan et tomate, ciboulette et œuf…) ou qu'ils entrent dans la composition des huiles et vinaigres aromatisés, marinades, courts-bouillons, boissons alcoolisées ou non, confitures… l'art culinaire ne saurait s'en passer.

Ils proviennent de plantes dont on peut employer différentes parties :

- Les bulbes, c'est le cas de l'ail, l'oignon, l'échalote.
- Les feuilles, comme le basilic, le cerfeuil, l'estragon, la menthe, le persil…
- Les fleurs, de câprier par exemple.
- Les fruits, du genévrier et les piments.
- Les graines, d'aneth, de coriandre, d'anis…
- Les tiges, du fenouil, de la ciboulette…
- Ou encore les racines, comme le raifort.

Certaines de ces plantes sont disponibles toute

l'année, d'autres sont saisonnières. Pour leur permettre de dégager tout leur arôme, il est conseillé de les cueillir et de les ciseler au dernier moment. Dans le commerce, vous trouverez des plantes aromatiques fraîches, coupées, que vous pourrez conserver 2 à 3 jours dans votre réfrigérateur à condition de plonger les tiges dans un verre d'eau ou de les envelopper dans un sac ou un film plastique alimentaire. Une fois lavées et ciselées, vous pouvez également les congeler et les conserver dans des bacs à glaçons recouvertes d'eau. Enfin, vous disposez d'un large choix dans les rayons surgelés, produits lyophilisés ou séchés (souvent en poudre à conserver bien bouchés et au sec).

Outre leur intérêt odorant, les plantes aromatiques sont très riches en vitamines et/ou en sels minéraux et autres oligo-éléments. Toutefois, employées en trop petites quantités, on ne peut leur accorder d'intérêt nutritionnel. Cela dit, elles constituent un allié de taille des régimes « minceur » dans la mesure où elles n'ajoutent aucune valeur énergétique aux préparations multiples dont elles font l'objet.

Les épices se distinguent des plantes aromatiques du fait de leurs qualités gustatives et non olfactives. En effet, elles sont davantage employées pour leur goût que pour leur parfum. La plupart des épices trouvent leurs origines en Orient et sont d'un emploi beaucoup plus répandu dans les cuisines orientale, indienne, chinoise ou antillaise qu'en Europe où elles connaissent une tradition plus mesurée. Elles furent de tout temps appréciées et ont fait l'objet de commerce et de nombreuses conquêtes.
Longtemps utilisées à des fins médicinales (la plupart des épices possèdent des propriétés antiseptiques), leur emploi se limite aujourd'hui, dans les pays occidentaux, à l'assaisonnement des aliments.

Les épices sont vendues, en graines ou en poudre, en vrac ou conditionnées en sachets ou en flacons. Elles s'éventent et perdent rapidement leurs qualités, c'est pourquoi il est indispensable de les acheter en petites quantités et de les conserver à l'abri de la lumière et de l'humidité, dans des pots hermétiquement fermés, assez larges pour ménager une certaine aération.

Tout comme les aromates, elles n'apportent pas de calories. Beaucoup d'entre elles stimulent l'appétit et la digestion, mais la plupart sont mal tolérées par les tubes digestifs sensibles et en cas d'acidité gastrique.

Abécédaire des aromates et des épices

AIL

Il agrémente la plupart des salades, des viandes – en particulier l'agneau – et des poissons. On peut le piquer dans les rôtis, le hacher dans les légumes ou en frotter les saladiers. Utilisée entière, la gousse confite donne une saveur délicate aux aliments.

ANETH

Les graines agrémentent particulièrement les potages, les poissons, les recettes à base d'œufs et les cornichons au vinaigre. Les ombrelles donnent de la saveur aux concombres, carottes et choux-fleurs en conserve. Faites cuire les feuilles avec des pommes de terre nouvelles pour leur donner du goût.

BASILIC

Il accompagne très bien les pâtes et se marie idéalement aux tomates crues, à l'ail et aux aubergines. Utilisez-le pour préparer vos viandes blanches et vos omelettes. Évitez de hacher le basilic, fractionnez plutôt les feuilles en deux ou trois avec les doigts pour préserver leur saveur.

CANNELLE

Elle est très appréciée pour son arôme chaleureux. Elle s'emploie aussi bien en pâtisserie et biscuiterie que dans des recettes exotiques où dominent les saveurs sucrées-salées. Utilisez-la pour parfumer vos boissons, chaudes ou froides.

CARVI

Communément utilisé pour parfumer la choucroute, le carvi s'accommode particulièrement avec l'oie. Aromatisez vos yaourts et salades de fruits avec quelques grains récoltés encore verts ou ajoutez quelques feuilles crues, hachées, à vos salades.

CERFEUIL

Il fait très bien ressortir la saveur d'autres herbes aromatiques et accompagne à merveille vos poissons pochés servis froids et les anguilles.

CORIANDRE

Les graines de coriandre rehaussent la saveur d'un rôti et constituent la base de nombreuses marinades. Les feuilles donnent du goût aux currys et aux ragoûts.

ESTRAGON

L'estragon accompagne parfaitement les viandes blanches, les asperges et les œufs. Il s'utilise dans la préparation de nombreuses sauces, ainsi que mariné avec des cornichons au vinaigre.

GENÉVRIER

Les fruits du genévrier sont utilisés dans la confection du gin, de la bière et autres boissons alcoolisées. Écrasées, les baies donnent de la saveur aux marinades, à la choucroute, aux gibiers et à la volaille.

GINGEMBRE

Il s'utilise frais, coupé en fines tranches ou râpé, dans des plats de viandes, de légumes et les currys. Séché et moulu, associé à la cannelle, il parfume les biscuits, aromatise les flans, crèmes, salades de fruits et compotes.

LAVANDE

Les fleurs de lavande s'utilisent en pâtisserie, et en remplacement du thym, dans les civets et ragoûts de viande à la provençale.

MENTHE

La menthe aromatise les sauces, légumes, salades et boissons fraîches. Elle constitue la garniture de bons nombres de desserts comme la soupe de fraises ou les tartes aux fruits.

MUSCADE

Râpée, elle relève la béchamel, les purées, choux-fleurs, gratins, préparations à base d'œufs, viandes, salades de fruits et boissons diverses.

ORIGAN

Séché, il parfume chili, goulasch, crudités, salades et préparations à base de tomates. Sa saveur légèrement poivrée parfume agréablement l'huile d'olive.

PERSIL

Il décore et parfume les salades, renforce la saveur des œufs durs, des poissons et entre dans la composition de nombreuses sauces.

POIVRE

Le poivre noir ou blanc parfume les courts-bouillons, les marinades et relève tous les plats salés. Le poivre vert s'utilise essentiellement pour préparer des sauces pour agrémenter entre autre un magret de canard ou un médaillon de veau. Un tour de moulin à poivre noir permet d'épicer agréablement une coupe de fraises émincées.

ROMARIN

Les feuilles ou les rameaux, de préférence frais, aromatisent les viandes à rôtir ou à griller. Ils servent aussi à parfumer les vinaigres et huiles d'assaisonnement.

SAUGE

Les feuilles donneront un goût original au porc, aux gibiers ainsi qu'à vos farces. La sauge hachée, mêlée à du fromage frais ou du beurre, entrera dans la composition de sauces originales.

THYM

Séché, le thym s'utilise en bouquet garni. Frais, ajoutez-le à vos salades, à la farce des volailles ou au minestrone. Il rehausse également le goût de certains poissons.

VANILLE

Utilisée pour parfumer les crèmes, flans, compotes, salades de fruits, thés, sirops et autres boissons, la vanille permet aussi de réaliser des sauces salées à servir avec poissons et crustacés.

L'art culinaire contemporain met particulièrement l'accent sur l'utilisation des épices et autres plantes aromatiques dans notre cuisine. Très odorantes, elles permettent de rehausser le goût des aliments et leurs associations conduit le plus souvent à combler l'imagination et la créativité des chefs en herbes. Elles sont les alliées de votre ligne et vous permettent de cuisiner des plats peu caloriques et savoureux.

Au fil des pages de ce *Petit Livre*, en 130 recettes d'entrées, de poissons, de viandes, de volailles, de légumes, de desserts et de sauces, vous découvrirez des mariages plutôt « classiques » et d'autres plus surprenants.

Laissez-vous tenter et soyez gourmand tout en conservant la ligne !

•

ASPERGES VERTES AU PAPRIKA

4 pers. **Prép. : 15 min Cuisson : 20 min 65 calories/pers.**

•2 bottes d'asperges vertes • 1/2 poivron rouge • 1/2 citron • 4 cuil. à soupe de crème fraîche épaisse allégée • paprika en poudre • sel, poivre du moulin

Réalisation

Faites bouillir 2 litres d'eau salée. Pelez les asperges puis plongez-les dans l'eau bouillante et laissez-les cuire 20 minutes environ. Sortez-les délicatement avec une écumoire et égouttez-les sur du papier absorbant. Nettoyez, parez le poivron et découpez-le en petits cubes. Dans un bol, battez la crème fraîche avec du paprika, du sel et du poivre. Ajoutez le jus du demi-citron et les petits dés de poivron.

Servez les asperges tièdes nappées de sauce au paprika.

AUMONIÈRES DE SAINT-JACQUES À LA CIBOULETTE

4 pers. **Prép. : 30 min Att. : 1 h Cuis. : 30 min 304 cal./pers.**

• 12 noix de Saint-Jacques avec leur corail • 2 blancs de poireau • 10 cl de cidre doux • 1 oignon blanc • 1 cuil. à soupe de Maïzena • 20 g de beurre allégé • 4 cuil. à soupe de crème épaisse allégée • quelques brins de ciboulette • sel, poivre du moulin

Pour la pâte à crêpes : 100 g de farine de blé tamisée • 25 cl de lait écrémé • 2 œufs • 1 cuil. à soupe d'huile • 1 pincée de sel

Réalisation

Préparez la pâte à crêpes : mélangez la farine, les œufs et le sel. Délayez petit à petit avec le lait et l'huile jusqu'à ce que la pâte soit parfaitement homogène. Placez au frais et laissez reposer pendant au moins 1 heure.

Nettoyez les blancs de poireau et émincez-les finement. Épluchez et émincez l'oignon.

Faites fondre les légumes dans une noix de beurre. Salez et poivrez. Mouillez avec le cidre, portez à ébullition, maintenez 1 à 2 minutes puis arrêtez la cuisson. Déglacez avec la crème fraîche et rectifiez l'assaisonnement si nécessaire.

Parsemez de ciboulette ciselée.
Faites dorer les noix de Saint-Jacques dans une sauteuse avec le restant de beurre. Salez et poivrez. Saupoudrez de Maïzena et mélangez. Versez dessus la sauce au cidre, mélangez à nouveau et laissez épaissir quelques minutes. Réservez au chaud.
Confectionnez des crêpes assez fines.
Garnissez-les de Saint-Jacques en sauce et fermez-les en aumônières. Liez-les avec un brin de ciboulette et servez aussitôt.

CAKE SALÉ AU CUMIN

4 pers. **Prép. : 15 min Cuisson : 40 à 45 min 285 cal./pers.**

•160 g de farine • 3 œufs moyens • 80 g de gruyère râpé allégé • 2 cuil. à soupe d'huile d'olive • 1 sachet de levure chimique • 10 cl de lait écrémé • 2 cuil. à soupe de graines de cumin • sel, poivre du moulin

Réalisation

Préchauffez le four à 180 °C (th. 6). Dans une jatte, mélangez la farine, la levure et le cumin. À part, battez les œufs, ajoutez-y l'huile, le lait, puis assaisonnez à votre convenance. Mélangez les deux préparations dans un grand saladier. Incorporez le gruyère râpé.

Versez cette préparation dans un moule à cake garni de papier sulfurisé. Enfournez et laissez cuire 40 minutes environ.

CAPPUCCINO DE POTIRON À LA CARDAMOME

4 pers. **Prép. : 15 min Cuisson : 25 min 85 calories/pers.**

• 500 g de potiron • 1 gros oignon jaune • 1 gousse d'ail • 30 cl de bouillon de volaille dégraissé • 2 cuil. à soupe de crème fraîche légère • 2 cuil. à soupe d'huile d'olive • quelques graines de cardamome • safran en filaments • fleur de sel, poivre du moulin

Réalisation

Épluchez et détaillez grossièrement le potiron, l'ail et l'oignon. Dans une sauteuse, faites chauffer l'huile et laissez-y dorer le hachis d'oignon et d'ail. Salez, poivrez modérément et ajoutez le potiron et les graines de cardamome. Mouillez avec le bouillon de volaille, couvrez et laissez mijoter 20 minutes environ. Retirez l'ail et mixez les autres ingrédients jusqu'à obtention d'une purée lisse et homogène.

Versez le velouté dans des tasses à café, nappez d'une cuillerée de crème et saupoudrez de filaments de safran. Servez aussitôt.

CARPACCIO DE LOTTE AU CITRON ET AU POIVRE NOIR

4 pers. **Prép. : 20 min Marinade : 30 min 217 calories/pers.**

• 1 queue de lotte de 400 g environ • 2 citrons non traités • 1 cuil. à soupe de sucre semoule • 4 cuil. à soupe d'huile d'olive extra vierge • 1 bouquet d'aneth • sel, poivre noir en grains

Réalisation

Mélangez au fouet le jus d'un citron, l'huile d'olive, le sucre et du sel puis ajoutez la moitié de l'aneth haché. Réservez au frais dans un plat creux.

Retirez le zeste du second citron, puis pelez-le et détaillez-le en quartiers.

Détaillez la lotte en tranches très fines. Faites-les tremper dans la marinade préalablement préparée pendant au moins 30 minutes.

Au moment de servir, dressez les tranches de lotte sur des assiettes de service, parsemez de poivre noir concassé, de zestes de citron finement émincés et du reste d'aneth ciselé.

CHIPS AUX OLIVES VERTES ET BASILIC

4 pers. **Prép. : 10 min Cuisson : 15 min 98 calories/pers.**

• 40 g de beurre allégé • 2 cuil. à soupe de farine de blé • 1 cuil. à soupe de Maïzena • 2 blancs d'œufs • 16 olives vertes dénoyautées • quelques feuilles de basilic frais • sel fin, poivre du moulin

Réalisation

Lavez, séchez, effeuillez et hachez finement le basilic. Hachez grossièrement les olives au robot ménager. Dans une poêle, faites fondre le beurre sur feu doux. Fouettez les blancs d'œufs à la fourchette, ajoutez-y la Maïzena et la farine et mélangez jusqu'à obtention d'un mélange lisse. Versez alors le beurre fondu, les olives et le basilic. Salez et poivrez. Mélangez bien.

Préchauffez le four à 180 °C (th. 6). Huilez une plaque à pâtisserie. Confectionnez des petits ronds de pâte à l'aide d'une cuillère à soupe. Enfournez et laissez cuire 10 à 12 minutes.

Décollez les chips de la plaque de cuisson et laissez-les refroidir avant de servir. Elles doivent être craquantes et légèrement dorées.

CLAFOUTIS DE PROVENCE

4 pers. **Prép. : 15 min Cuisson : 10 min 130 calories/pers.**

• 3 œufs de gros calibre • 100 g de crème fraîche épaisse à 5 % de MG • 1 cuil. à soupe de Maïzena • 10 cl de lait écrémé • 1 grosse courgette • 4 tomates cerise • 1 cuil. à soupe d'olives noires dénoyautées • 1 cuil. à soupe d'huile d'olive • 2 branches de thym • fleur de sel, poivre du moulin

Réalisation

Préchauffez le four à 210 °C (th. 7). Rincez puis coupez les tomates cerise en quartiers. Coupez les olives en rondelles. Pelez la courgette et coupez-la en petits dés. Faites chauffer l'huile dans une sauteuse et jetez-y les légumes. Laissez-les dorer quelques minutes à feu vif. Arrêtez la cuisson et réservez. Dans un saladier, battez les œufs. Incorporez ensuite le lait, la crème fraîche, la Maïzena, le thym émietté, du sel et du poivre puis mélangez délicatement. Ajoutez les légumes et rectifiez l'assaisonnement si nécessaire. Tapissez 4 moules à tartelettes individuels de papier sulfurisé.

Garnissez-les avec la préparation œufs-légumes. Enfournez et laissez cuire pendant une dizaine de minutes. Le dessus du clafoutis doit être légèrement doré. Servez chaud avec une salade verte ou un mesclun aromatisé au vinaigre de xérès.

CONSOMMÉ AU SAUMON À LA CIBOULETTE

4 pers. **Prép. : 10 min Cuisson : 5 à 8 min 227 calories/pers.**

• 200 g de saumon fumé • 1 litre de bouillon de volaille dégraissé • 200 g de julienne de légumes surgelée (carottes, céleri...) • 8 crevettes roses • 100 g de champignons noirs • ciboulette en brins • sel fin, poivre du moulin

Réalisation

Nettoyez les champignons et essuyez-les dans du papier absorbant. Coupez les plus gros en deux. Découpez le saumon en lanières de taille identique. Décortiquez les crevettes. Portez le bouillon à ébullition, jetez-y la julienne de légumes, réduisez le feu et laissez cuire quelques minutes. Versez le bouillon dans des bols. Dans chacun, répartissez les lanières de saumon, les crevettes et les champignons noirs. Parsemez de ciboulette ciselée au dernier moment et servez aussitôt.

CRÈME D'ENDIVES AUX HERBES

4 pers. **Prép. : 15 min Cuisson : 25 min 102 à 125 cal./pers.**

• 1 litre de bouillon de volaille dégraissé • 3 endives • 4 cuil. à soupe d'herbes aromatiques fraîches (cerfeuil, estragon, basilic et persil) • muscade • 2 jaunes d'œufs • 4 cuil. à soupe de crème fraîche à 5 ou 15 % de MG • fleur de sel

Réalisation

Émincez finement les endives et les herbes. Faites chauffer le bouillon et ajoutez-y les endives et les herbes. Saupoudrez de muscade et salez modérément. Laissez mijoter 20 minutes environ. Arrêtez la cuisson et laissez refroidir le bouillon. Passez au mixeur à grande vitesse. Dans un bol, mélangez la crème et les œufs. Ajoutez-les au bouillon et remettez à chauffer sans laisser bouillir. Rectifiez l'assaisonnement si nécessaire. Servez bien chaud.

CRÈME DE CERFEUIL

4 pers. **Prép. : 20 min Cuisson : 30 min 124 calories/pers.**

• 1 gros bouquet de cerfeuil • 1,5 litre de bouillon de volaille dégraissé • 2 pommes de terre moyennes • 1 jaune d'œuf • 4 cuil. à soupe de crème fraîche légère • sel, poivre du moulin

Réalisation

Nettoyez le cerfeuil et ciselez-le. Réservez quelques feuilles pour la décoration. Portez le bouillon à ébullition et jetez-y le cerfeuil. Pelez les pommes de terre et coupez-les en petits cubes. Ajoutez-les au bouillon et assaisonnez. Laissez mijoter 30 à 35 minutes. Passez le potage au mixeur ou au moulin à légumes. Dans un bol, mélangez le jaune d'œuf avec la crème fraîche. Versez le mélange petit à petit dans le bouillon et faites épaissir le potage sur feu doux sans porter à ébullition. Au moment de servir, décorez avec le cerfeuil réservé.

EFFILOCHÉE DE POULET ET DE FIGUES À L'ESTRAGON

4 pers. **Prép. : 20 min Cuisson : 20 min 188 calories/pers.**

• 200 g de blancs de poulet • 2 tranches de jambon cru (type Aoste) • 1 orange • 200 g de mesclun • 4 figues fraîches • 2 cuil. à soupe de vinaigre de xérès • 1 cuil. à soupe d'huile • 2 cuil. à soupe de crème fleurette allégée • 10 brins de ciboulette • sel, poivre du moulin

Réalisation

Faites chauffer l'huile dans une poêle, faites-y cuire les blancs de poulet pendant 20 minutes en les retournant souvent. Assaisonnez-les à votre convenance. Laissez-les refroidir puis effilochez-les grossièrement. Détaillez le jambon cru en lanières dans le sens de la largeur. Coupez l'orange en deux, pressez-la pour en récolter le jus et prélevez le zeste d'une moitié, coupez-le en bâtonnets. Dans une jatte, mélangez la crème liquide, 3 à 4 cuillerées de jus d'orange, le vinaigre, une pincée de sel et le poivre. Dressez les assiettes : répartissez la salade lavée et essorée, l'effilochée de poulet, le jambon et les figues coupées en quartiers.

Parsemez de zestes d'orange et de ciboulette ciselée. Nappez de sauce.

ÉMINCÉ D'AVOCAT À LA CREME DE CERFEUIL

4 pers. **Préparation : 20 min 265 calories/personne**

• 2 avocats bien mûrs • 100 g de tomates cerise • 4 cuil. à soupe de crème fraîche allégée • 4 cuil. à soupe de yaourt nature au lait écrémé • 1 cuil. à soupe d'huile de noix ou de pépins de raisin • 1 cuil. à café de moutarde à l'ancienne • 1/2 citron • quelques herbes aromatiques finement hachées • cerfeuil en branches • sel, poivre du moulin

Réalisation

Dans une jatte, mélangez la crème fraîche avec le yaourt et la moutarde. Ajoutez l'huile et les fines herbes. Salez et poivrez. Nettoyez et coupez grossièrement les branches de cerfeuil. Ajoutez le hachis à la sauce au yaourt. Coupez les avocats en deux, pelez-les et retirez-en les noyaux. Détaillez-les en fines lamelles et disposez-les en éventail sur 4 assiettes de service. Arrosez-les de jus de citron pour éviter qu'elles ne noircissent. Nappez les avocats de sauce. Décorez de tomates cerise et de quelques brins de cerfeuil.

FEUILLES DE BRICK A LA PROVENÇALE

4 pers. **Prép. : 15 à 20 min Cuisson : 15 min 242 cal./pers.**

• 12 feuilles de brick • 100 g de mozzarella allégée • 1 dizaine d'olives vertes dénoyautées • 4 tomates moyennes • 2 branches de thym • 2 cuil. à soupe d'huile d'olive extra vierge • fleur de sel, poivre du moulin

Réalisation

Préchauffez le four à 180 °C (th. 6).

Détaillez les tomates en petits dés et émiettez le thym. Coupez la mozzarella en fines tranches. Faites chauffer 1 cuillerée d'huile dans une sauteuse. Lorsqu'elle est bien chaude, mettez les morceaux de tomates, la moitié du thym, une pincée de sel et du poivre. Réduisez le feu et laissez mijoter pendant 10 minutes environ en remuant de temps à autre.

Étalez les feuilles de brick sur votre plan de travail et huilez-les au pinceau. Superposez les feuilles deux par deux. Garnissez le centre de chaque feuille de fondue de tomates. Répartissez la mozzarella et les olives détaillées en fines rondelles. Parsemez du reste de thym. Fermez les feuilles de brick de manière à former des papillotes et enfournez pendant 5 minutes environ. Au moment de servir, les feuilles doivent être dorées et croquantes et le fromage légèrement fondu.

FLAN DE RADIS NOIR SAUCE AU PERSIL

4 pers. **Prép. : 20 min Cuisson : 40 min 212 calories/pers.**

• 2 gros radis noirs • 4 cuil. à soupe de crème fraîche • 2 cuil. à soupe de fromage blanc à 0 % de MG • 40 g de parmesan râpé • 4 œufs • 10 g de beurre • noix de muscade râpée • 1 bouquet de persil frais • sel, poivre du moulin

Réalisation

Pelez les radis noirs, détaillez-les en gros cubes et lavez-les. Placez-les dans le panier de votre autocuiseur, en position supérieure, et faites-les cuire 7 à 8 minutes après le départ de la soupape de sécurité. Préchauffez le four à 210 °C (th. 7). Égouttez les radis puis réduisez-les en purée. Dans une jatte, rassemblez la purée de radis noir, les œufs, 2 cuillerées à soupe de crème fraîche et le parmesan. Assaisonnez et saupoudrez de muscade. Versez cette préparation dans un moule à soufflé tapissé de papier sulfurisé beurré et faites cuire au bain-marie, pendant 30 minutes sans ouvrir la porte du four.

Pendant ce temps, préparez la sauce : faites blanchir le persil dans de l'eau salée, égouttez-le et mixez-le pour obtenir une purée. Portez le reste de crème à ébullition. Hors du feu, ajoutez-y le fromage blanc et la purée de persil, rectifiez l'assaisonnement si nécessaire.

Réservez au chaud. Servez le flan dès la sortie du four.

MINUTE DE LOUP AU BASILIC

4 pers. **Prép. : 20 min Réfri. : au moins 1 h 320 cal./pers.**

• 600 g de filet de loup • 4 branches de basilic frais • 4 cuil. à soupe d'huile d'olive extra vierge • 4 tranches de pain de campagne assez épaisses • sel, poivre noir concassé

Réalisation

Badigeonnez les filets de poisson d'huile d'olive au moyen d'un pinceau et placez au réfrigérateur pendant au moins 1 heure. Détaillez les filets en fines lanières. Équeutez puis ciselez finement les branches de basilic. Mélangez avec l'huile restante, salez et poivrez à votre convenance.
Faites griller les tranches de pain de campagne.
Dressez les assiettes : disposez les lanières de poisson sur le pain encore tiède et nappez d'huile au basilic. Servez aussitôt.

MOULES FARCIES AUX HERBES

4 pers. **Prép. : 10 min Cuisson : 15 min 164 calories/pers.**

• 1 litre de moules • 40 g de beurre • 1 gousse d'ail • persil et cerfeuil • 1 cuil. à soupe de cognac • 1 cuil. à soupe de chapelure • 1 cuil. à soupe de jus de citron • sel, poivre du moulin

Réalisation

Préchauffez le four à 240 °C (th. 8). Épluchez et émincez l'ail. Hachez les herbes. Réduisez le beurre en pommade, incorporez l'ail, les herbes, le cognac, et peu de sel et de poivre, la chapelure et le jus de citron. Mélangez le tout.

Débarrassez les moules de tous les filaments qui y sont accrochés, rincez-les abondamment à l'eau courante froide. Coupez-les par moitié puis farcissez-les crues. Placez-les dans un plat creux et enfournez pendant 15 minutes environ. Servez chaud.

NOIX DE SAINT-JACQUES AU CERFEUIL

4 pers. **Prép. : 20 min Cuisson : 30 min 122 calories/pers.**

• 16 noix de Saint-Jacques avec leur corail • 20 g de beurre
• Quelques branches de cerfeuil • sel, poivre du moulin

Réalisation

Préparez un beurre noisette : faites fondre le beurre dans une poêle à fond épais et laissez-le légèrement brunir. Passez-le au chinois en veillant à ce qu'aucune particule ne passe.
Saisissez les noix de Saint-Jacques dans ce beurre « tamisé » environ 1 minute sur chaque face, salez, poivrez. Rincez et ciselez le cerfeuil et parsemez-en les Saint-Jacques juste avant de servir.

POTAGE GLACÉ À LA TOMATE ET AUX HERBES

4 pers. **Prép. : 15 min Réfrig. : 2 h Cuis. : 2 à 3 min 30 cal./pers.**

• 4 tomates bien mûres • 1 oignon blanc • 1 gousse d'ail • coriandre • fleur de sel, poivre gris moulu

Réalisation

Plongez quelques minutes les tomates dans une casserole d'eau bouillante afin d'en retirer la peau. Coupez-les en deux, épépinez-les, puis mixez-les jusqu'à obtention d'une purée homogène. Pelez l'ail et l'oignon et hachez-les grossièrement. Ajoutez-les au coulis de tomates ainsi que quelques graines de coriandre et mixez à nouveau à grande vitesse. Salez modérément et poivrez. Placez au réfrigérateur pendant au moins 2 heures avant de servir.

RAVIOLES DE TRUITE MARINÉE AUX ÉPICES

4 pers. **Prép. : 45 min Marin. : 30 min Cuis. : 30 min 350 cal./pers.**

• 4 filets de truite saumonée • 2 avocats bien mûrs • 1 bulbe de fenouil • 1/2 citron • 1 gousse d'ail épluchée et hachée • 1 bouquet de plantes aromatiques (aneth, cerfeuil, basilic...) • quelques brins de ciboulette

Pour la marinade : 1 gousse d'ail hachée • 1 branche de basilic et 1 branche d'aneth ciselées • poivre noir en grains • quelques baies roses • quelques graines de coriandre • 2 cuil. à soupe d'huile d'olive • fleur de sel

Réalisation

Mélangez tous les ingrédients de la marinade dans un plat creux et faites-y tremper les filets de truite pendant au moins 30 minutes au réfrigérateur.

Pressez le jus du citron. Pelez les avocats en prenant soin de ne pas en émietter la chair. Coupez-les en fines tranches de taille régulière. Arrosez-les de jus de citron pour éviter qu'elles ne noircissent. Disposez-les en corolle sur 4 assiettes de service. Égouttez les filets de truite et détaillez-en 2 en petits cubes. Coupez les filets restant en 2 dans le sens de la longueur. Nettoyez et détaillez le bulbe de fenouil en petits dés.

Dans une jatte, mélangez les dés de fenouil et de poisson. Nettoyez et ciselez le bouquet d'herbes et mélangez-le au carpaccio de truite. Disposez, en dôme, au centre de chaque assiette, au milieu de la corolle d'avocat. Entourez-les avec les demi-filets de truite et maintenez-les à l'aide d'un brin de ciboulette. Servez bien frais.

TARTARE DE MAQUEREAUX AU CURRY

4 pers. **Préparation : 15 à 20 min 300 calories/personne**

• 4 filets de maquereaux de 120 g chacun • 1 pomme type Granny Smith • 2 cuil. à soupe d'huile d'olive • 2 cuil. à soupe de lait de coco • curry en poudre • 1/2 citron • fleur de sel, poivre du moulin

Réalisation

Détaillez la chair du poisson en petits cubes. Lavez la pomme et coupez-la en petits dés de même dimension, citronnez-la et réservez. Préparez la vinaigrette : dans un bol, mélangez l'huile d'olive et le lait de coco, salez et poivrez. Mélangez délicatement les dés de maquereau avec les morceaux de pomme.

Confectionnez 4 dômes, un au centre de chaque assiette. Nappez de sauce vinaigrette et saupoudrez de curry. Placez au réfrigérateur jusqu'au moment de servir.

TERRINE DE MERLAN A L'ESTRAGON

4 pers. **Prép. : 45 min Cuisson : 20à 25 min 219 cal./pers.**

• 600 g de filet de merlan • 100 g de crème fraîche allégée • 1 cuil. à soupe de concentré de tomates • 2 blancs d'œufs • 1 bouquet de persil plat • 1 bouquet d'estragon • sel, poivre du moulin

Réalisation

Préchauffez le four à 240 °C (th. 8). Mixez la chair du poisson et assaisonnez-la. Nettoyez et ciselez les herbes aromatiques. Battez les blancs d'œufs en neige. Incorporez au poisson les blancs d'œufs battus, la crème, le hachis d'herbes et le concentré de tomates et mixez à nouveau.

Tapissez une terrine de papier sulfurisé et versez-y l'appareil préalablement travaillé. Faites cuire à four chaud au bain-marie pendant 20 à 25 minutes. Laissez refroidir, démoulez et servez la terrine en tranches.

VELOUTÉ DE POIS À LA MENTHE FRAICHE

4 pers. **Pré. : 30 min Cuisson : 45 min 145, 153 ou 167 cal./pers.**

• 600 g de petits pois frais • 2 oignons blancs • 1 laitue • 1 cuil. à soupe d'huile de tournesol • 2 cuil. à soupe de crème fraîche à 5, 8 ou 15 % de MG • quelques feuilles de menthe fraîche • sel, poivre noir moulu

Réalisation

Écossez les petits pois. Pelez et émincez les oignons en petits cubes. Nettoyez la laitue, n'en conservez que le cœur et détaillez-le en lanières. Faites chauffer l'huile dans une cocotte. Ajoutez les oignons et la laitue, couvrez et prolongez la cuisson sur feu moyen pendant 10 minutes environ. Ajoutez les petits pois et couvrez à nouveau. Laissez mijoter pendant 30 minutes. Passez le tout au mixeur. Assaisonnez à votre convenance. Replacez sur le feu sans faire bouillir le potage, ajoutez la crème fraîche et la menthe ciselée. Mélangez le tout et servez immédiatement.

•

AUMONIÈRES DE POISSON, CRÈME FOUETTÉE À LA CIBOULETTE

Préparation : 15 min Repos : 30 min à 1 h Cuisson : 20 min

4 pers. **296 calories/personne**

• 200 g de filets de poisson (flétan, cabillaud, limande...) • 4 cuil. à soupe de crème fleurette allégée • 25 cl de fumet de poisson • brins de ciboulette

Pour la pâte à crêpes : 200 g de farine de sarrasin • 1 œuf entier • 1 cuil. à soupe d'huile de tournesol • sel, poivre du moulin

Réalisation

Préparez la pâte à crêpes : dans un saladier, délayez la farine avec l'œuf, salez, poivrez et ajoutez l'huile et de l'eau par petites quantités jusqu'à obtenir une pâte semi-liquide. Laissez reposer 30 minutes au minimum.

Portez le fumet de poisson à ébullition et faites-y pochez les filets pendant 10 minutes environ. Égouttez et réservez-les au chaud.

Montez au fouet la crème bien froide et ajoutez-y la ciboulette ciselée. Assaisonnez. Émiettez la chair du poisson poché. Confectionnez les crêpes.

Au centre de chaque crêpe, disposez des miettes de poisson puis refermez-les en aumônières avec un brin de ciboulette.
Servez la crème fouettée à part.

BROCHET AU VERT

4 pers. **Prép. : 10 min Cuisson : 25 min 295 calories/pers.**

- 1 brochet d'environ 1,2 kg • 200 g de pousses d'épinards • 40 g de beurre • 1 citron • 2 jaunes d'œufs • 10 cl de vin blanc sec • 1 bouquet de persil plat • 1 bouquet d'estragon • 1 bouquet garni • quelques feuilles de menthe fraîche • sel, poivre du moulin

Réalisation

Videz et parez le brochet. Rincez puis équeutez les pousses d'épinards, le persil, l'estragon et la menthe.
Faites fondre le beurre dans une cocotte, ajoutez-y le poisson et faites-le sauter pendant 5 à 7 minutes sur chaque face.
Ajoutez les épinards et laissez fondre pendant quelques minutes supplémentaires.
Mouillez avec le vin blanc, ajoutez le bouquet

garni et les herbes grossièrement ciselées.
Réduisez le feu et prolongez la cuisson pendant 10 à 15 minutes.
Dans une jatte, mélangez les œufs et le jus du citron. Versez la liaison dans la cocotte, remuez sans porter à ébullition.
Servez le brochet entier dans un plat de service, nappé de sauce.

CABILLAUD ÉPICÉ AUX HERBES

4 pers. **Prép. : 10 min Cuisson : 10 à 12 min 173 cal./pers.**

• 4 filets de cabillaud de 100 à 120 g chacun • 1 bouquet de menthe • 1 bouquet de coriandre • 1 bouquet de cerfeuil • 2 gousses d'ail • 1 piment vert • 2 oignons blancs • 1 cuil. à café de sucre semoule • 1 cuil. à café de gingembre en poudre • 1 citron non traité • 2 cuil. à soupe d'huile d'olive • sel, poivre blanc du moulin

Réalisation

Épluchez l'ail et les oignons. Rincez les herbes, égouttez-les et placez-les dans le bol de votre robot ménager en retirant les tiges les plus grosses.

Ajoutez l'ail et les oignons, le piment équeuté, le sucre en poudre et le gingembre ; mixez le tout à grande vitesse. Prélevez le zeste du citron. Disposez chaque pavé de cabillaud sur un grand carré de papier sulfurisé ou d'aluminium, salez et poivrez modérément, répartissez dessus les herbes finement hachées, arrosez d'un filet d'huile d'olive, de quelques gouttes de jus de citron, des zestes puis refermez les papillotes et faites-les cuire à la vapeur pendant 10 à 12 minutes. Servez chaud dans les papillotes.

CURRY DE LA MER AUX PETITS LEGUMES

4 pers. **Prép. : 20 min Cuisson : 25 min 425 calories/pers.**

• 12 grosses crevettes roses • 400 g de filets de poisson (cabillaud, sole, flétan...) • 100 g de riz long • 20 cl de lait de coco • 25 cl de bouillon de volaille dégraissé • 100 g de petits pois • 1 oignon jaune • 1 pomme de terre moyenne • 2 carottes • 2 gousses d'ail • 2 cuil. à soupe d'huile de tournesol • curry en poudre • safran en poudre • fleur de sel

Réalisation

Portez 1 litre d'eau salée à ébullition et faites-y cuire le riz pendant 10 minutes environ. Pelez la pomme de terre, l'oignon, l'ail et les carottes, détaillez-les en dés.

Faites chauffer 1 cuillerée d'huile et jetez-y l'ail et l'oignon jusqu'à ce qu'ils deviennent translucides. Ajoutez-y le reste des légumes, une pointe de curry et de safran et prolongez la cuisson sur feu vif pendant quelques minutes. Mouillez avec le bouillon et le lait de coco.

Amenez au point d'ébullition, réduisez le feu et laissez mijoter environ 10 minutes, jusqu'à ce que le liquide épaississe un peu.

Ajoutez les filets de poisson, les crevettes décortiquées, les petits pois et poursuivez la cuisson pendant 5 à 10 minutes supplémentaires.

Servez bien chaud.

DORADE ROYALE, SAUCE À LA CARDAMOME

4 pers. **Prép. : 5 min Cuisson : 25 min 274 calories/pers.**

• 1 dorade de 700 à 800 g • 40 g de beurre • 15 cl de fumet de poisson • 4 cuil. à soupe de crème fraîche légère à 5 % de MG • 1 cuil. à soupe de graines de cardamome • sel, poivre noir en grains

Réalisation

Préchauffez le four à 210 °C (th. 7). Salez et poivrez l'intérieur du poisson. Malaxez le beurre jusqu'à en obtenir une pommade. Badigeonnez-en généreusement l'intérieur et l'extérieur de la dorade. Enfournez. Après 10 minutes de cuisson, retournez-la et mouillez avec le jus de cuisson. Prolongez la cuisson de 10 minutes supplémentaires. Retirez et égouttez la dorade, réservez au chaud. Déglacez le plat avec le fumet de poisson, versez le jus ainsi obtenu dans une casserole et laissez réduire quelques minutes. Filtrez. Ajoutez la crème, les graines de cardamome et chauffez sans laisser bouillir. Rectifiez l'assaisonnement si nécessaire. Disposez le poisson sur un plat de service, nappez de sauce et servez bien chaud.

DORADE SAFRANÉE AUX DEUX CITRONS

4 pers. **Prép. : 15 min Cuisson : 40 à 45 min 278 cal./pers.**

• 1 dorade d'environ 1 kg • 4 pommes de terre nouvelles • 2 oignons rouges • 1 citron • 1 citron vert • 2 cuil. à soupe d'huile d'olive extra vierge • 2 gousses d'ail • 1 bouquet de persil • 1 pointe de safran en poudre • fleur de sel, poivre

Réalisation

Préchauffez le four à 200 °C (th. 6-7). Videz et nettoyez la dorade. Pressez la moitié du citron jaune et la moitié du citron vert. Détaillez le restant en quartiers. Citronnez l'intérieur du poisson et poivrez modérément. Pelez et détaillez grossièrement les oignons, écrasez l'ail dans un mortier. Épluchez les pommes de terre et coupez-les en rondelles. Préparez une marinade : dans une jatte, mélangez le hachis d'ail, le safran, le persil ciselé, une pointe de sel et l'huile d'olive. Disposez au fond d'un plat à gratin les pommes de terre et les oignons mélangés. Nappez de marinade et enfournez pendant 15 à 20 minutes. Disposez dessus la daurade et prolongez la cuisson de 25 minutes. Au moment de servir, décorez avec les quartiers de citrons jaune et vert.

ÉCREVISSES, SAUCE SAFRANÉE

4 pers. **Prép. : 15 min Cuisson : 20 min 170 calories/pers.**

• 24 grosses écrevisses • 10 cl de vin blanc sec • 1/2 céleri-rave • 1 carotte • 1 oignon • 1 gousse d'ail • 1 bouquet garni (persil, thym, laurier) • 1 cuil. à soupe d'huile d'olive • 40 g de beurre allégé à cuisiner • safran en poudre • sel, poivre du moulin

Réalisation

Nettoyez et détaillez les légumes, l'ail et l'oignon en fine julienne. Placez-les dans une cocotte avec l'huile et laissez-les suer quelques minutes.

Mouillez avec le vin blanc, 1 litre d'eau, ajoutez le bouquet garni, salez, poivrez. Portez à ébullition et laissez cuire à gros bouillons pendant 10 minutes environ. Jetez-y les écrevisses et laissez-les cuire 5 minutes. Retirez-les et réservez-les au chaud.

Préparez la sauce : égouttez les légumes et réservez-les. Faites réduire la nage de moitié puis ajoutez-y le safran. Hors du feu, ajoutez le beurre en parcelles sans cesser de remuer.

Réchauffez à feu doux et ajoutez la julienne. Rectifiez l'assaisonnement si nécessaire.

Servez aussitôt.

FILETS DE FLÉTAN GRILLÉS AU BASILIC

4 pers. **Prép. : 20 min Cuisson : 20 min 162 calories/pers.**

• 4 filets de flétan de 100 g chacun • 50 g de tomates séchées • 100 g de feuilles d'épinards frais • 4 branches de basilic frais • 2 cuil. à soupe d'huile d'olive extra vierge • sel de Guérande, poivre en grains

Réalisation

Lavez, séchez et effeuillez le basilic. Lavez puis essuyez les pousses d'épinards dans du papier absorbant. Émincez finement les tomates séchées dans le sens de la longueur. Faites chauffer 1 cuillerée d'huile dans une sauteuse. Une fois bien chaude, faites-y revenir vivement les lamelles de tomate pendant 1 à 2 minutes. Ajoutez les pousses d'épinards entières, quelques grains de poivre, une pincée de sel et mélangez. Réduisez le feu et laissez fondre quelques minutes supplémentaires. Faites griller les pavés de flétan préalablement salés et poivrés dans l'huile restante et laissez cuire environ 5 minutes de chaque côté.

Au moment de servir, disposez la fondue de légumes sur les assiettes, posez les filets de poisson dessus et parsemez de basilic fraîchement ciselé.

FILETS DE PERCHE AUX HERBES

4 pers. **Prép. : 20 min Cuisson : 30 min 220 calories/pers.**

• 4 filets de perche • 1 citron • 1 oignon • 40 g de beurre + 10 g pour le plat • herbes aromatiques (persil, estragon...) • sel, poivre du moulin

Réalisation

Préchauffez le four à 210 °C (th. 7). Pressez le citron, pelez puis hachez l'oignon. Citronnez la chair du poisson et assaisonnez-le. Ciselez les herbes. Beurrez un plat en terre cuite, parsemez le fond de hachis d'oignon et disposez les filets dessus.

Préparez un beurre manié : malaxez le beurre avec les herbes aromatiques. Parsemez le poisson de noisettes de beurre et faites-le cuire au four pendant environ 30 minutes. Veillez à ce que la chair du poisson ne dessèche pas. Au besoin, arrosez-le avec un peu d'eau ou de vin blanc sec.

Servez dès la sortie du four.

FILETS DE SAINT-PIERRE AU ROMARIN ET TOMATES CARAMÉLISÉES

4 pers. **Prép. : 15 min Cuisson : 30 à 40 min 256 cal./pers.**

• 4 filets de Saint-Pierre de 120 g chacun • 4 tomates bien fermes • 1 gousse d'ail • 2 échalotes • 40 g de beurre allégé • 2 cuil. à soupe d'huile d'olive extra vierge • 10 cl de vin blanc sec • 2 cuil. à soupe de vinaigre de vin • 10 cl de fumet de poisson • quelques branches de romarin • 1 cuil. à soupe de farine de blé • 1 cuil. à café de sucre semoule • 1 cuil. à soupe de câpres • 1 bouquet de ciboulette • quelques feuilles de cerfeuil • sel, poivre du moulin

Réalisation

Allumez le gril du four. Pelez et écrasez la gousse d'ail. Mondez et épépinez les tomates. Coupez-les en tranches régulières d'environ 1 cm d'épaisseur. Assaisonnez-les puis saupoudrez-les de sucre. Parsemez d'ail haché et roulez-les dans la farine préalablement tamisée. Passez au gril et laissez caraméliser quelques minutes.

Préchauffez le four à 180 °C (th. 6). Découpez 4 feuilles de papier d'aluminium et placez-y les filets de poisson. Assaisonnez. Effeuillez les branches de romarin, parsemez-les sur le poisson,

arrosez d'un filet d'huile d'olive et fermez les papillotes. Faites cuire 10 à 15 minutes au four et réservez au chaud.
Pelez et hachez les échalotes. Faites-les réduire avec le vin blanc et le vinaigre. Ajoutez le fumet de poisson.
Dès frémissement, réduisez le feu puis incorporez le beurre coupé en petits morceaux. Mélangez et rectifiez l'assaisonnement si nécessaire. Ajoutez, les câpres, la ciboulette et le cerfeuil ciselés.
Nappez les filets de sauce et servez aussitôt accompagnés de tomates rôties.

PAVÉS DE SAUMON À LA CRÈME DE PASTIS

4 pers. **Prép. : 15 min Cuisson : 25 min 310 calories/pers.**

• 4 pavés de saumon de 120 g chacun • 400 g d'épinards • 20 g de beurre • 4 cuil. à soupe de crème fraîche légère • 1 cuil. à soupe de pastis • 1 jaune d'œuf • sel, poivre

Réalisation

Préchauffez le four à 180 °C (th. 6). Épluchez les

épinards et lavez-les soigneusement à grande eau. Faites bouillir 2 litres d'eau salée et plongez-y les légumes pendant 4 minutes. Égouttez-les, assaisonnez et ajoutez le beurre.
Dans un plat à gratin, déposez les feuilles d'épinards et posez dessus les pavés de poisson. Enfournez à four moyen et laissez cuire environ 20 minutes.
Préparez la réduction de crème au pastis : fouettez la crème dans une casserole avec le pastis, salez et poivrez. Mettez la sauce sur le feu et laissez cuire jusqu'à frémissement. Hors du feu, laissez tiédir puis incorporez le jaune d'œuf pour lier la sauce.
Servez le poisson nappé de sauce chaude.

FLÉTAN EN CROUTE AUX HERBES

4 pers. **Prép. : 15 min Cuisson : 20 min 220 calories/pers.**

• 4 filets de flétan de 120 g chacun • 100 g de feuilles d'épinards frais • 2 oignons blancs • 40 g de beurre • 4 cuil. à soupe de chapelure • persil plat, ciboulette • sel, poivre du moulin

Réalisation

Rincez les pousses d'épinards et faites-les blanchir dans de l'eau bouillante légèrement salée pendant quelques minutes. Faites fondre le beurre sur feu doux ou au four à micro-ondes.

Préchauffez le four à 200 °C (th. 6-7). Découpez 4 carrés dans une feuille d'aluminium et déposez-y les filets de poisson. Badigeonnez-les de beurre fondu sur les deux faces, salez et poivrez modérément. Pelez les oignons et passez-les au mixeur avec les épinards et les herbes. Mêlez le hachis avec la chapelure. Saupoudrez-en les filets de poisson et refermez hermétiquement les papillotes. Faites cuire au four pendant 10 à 15 minutes. Servez dès la sortie du four.

FRICASSÉE DE CREVETTES AU BASILIC ET POIVRE ROSE

4 pers. **Prép. : 15 min Cuisson : 10 min 96 ou 80 cal./pers.**

• 24 crevettes entières • 1 oignon jaune • 2 gousses d'ail • 1 cuil. à soupe d'huile d'olive • 1 branche de basilic frais • 3 cuil. à soupe de crème fraîche légère (8 ou 15 % de MG) • 1/2 verre de vin blanc sec • sel, poivre rose en grains.

Réalisation

Nettoyez les crevettes et essuyez-les dans du papier absorbant. Émincez l'oignon en petits cubes et écrasez l'ail dans un presse-ail. Faites-les dorer dans l'huile bien chaude, puis ajoutez les crevettes et salez le tout.

Déglacez avec le vin blanc et ajoutez les grains de poivre et le basilic ciselé, puis la crème fraîche et prolongez la cuisson sur feu très doux pendant 10 minutes. Servez bien chaud.

GRILLADE DE THON ROUGE AUX HERBES DE PROVENCE

4 pers. **Prép. 15 min Cuisson : 20 min 269 calories/pers.**

• 1 darne de thon de 500 à 600 g • 1 boîte de tomates pelées
• 1 oignon jaune • 2 gousses d'ail •1 cuil. à soupe d'huile d'olive
• herbes de Provence séchées • sel, poivre du moulin

Réalisation

Saupoudrez généreusement la darne d'herbes de Provence, salez et poivrez à votre convenance. Faites-la griller au barbecue ou à la poêle sur chaque face. Pelez et émincez l'oignon. Pelez et écrasez les gousses d'ail.

Dans une casserole, faites blondir l'oignon dans l'huile puis ajoutez les tomates pelées et l'ail écrasé. Laissez fondre à couvert pendant 10 minutes environ. Salez et poivrez. Si la sauce vous paraît trop acide, ajoutez-lui une pincée de sucre semoule. Servez la darne grillée, agrémentée de sauce tomate.

MÉDAILLONS DE CABILLAUD, BEURRE BLANC AU GINGEMBRE

4 pers. **Prép. : 15 min Cuisson : 15 min 182 calories/pers.**

• 4 filets de cabillaud de 100 à 120 g chacun • 1 carotte • 40 g de beurre • 1 verre de vin blanc sec • 25 cl de bouillon de volaille dégraissé • 2 cuil. à soupe de crème fraîche allégée • gingembre • sel, poivre du moulin

Réalisation

Salez et poivrez les filets de cabillaud avant de les rouler et de les maintenir ainsi à l'aide d'un cure-dents. Pelez la carotte puis détaillez-la en julienne, faites-la blanchir à l'eau bouillante salée pendant 30 secondes.

Portez le bouillon de volaille à ébullition et plongez-y délicatement les paupiettes de poisson pendant 5 à 10 minutes.

Dans une casserole, portez à ébullition le vin blanc et le gingembre grossièrement râpé, puis laissez réduire de moitié. Ajoutez la crème fraîche et maintenez l'ébullition. Incorporez le beurre en morceaux sans cesser de remuer.

Réduisez le feu, ajoutez la julienne de carotte et prolongez la cuisson de quelques minutes.

Rectifiez l'assaisonnement au moment de servir les médaillons de poisson nappés de beurre au gingembre.

PAPILLOTES DE SAINT-JACQUES À LA CITRONNELLE

4 pers. **Prép. : 10 min Cuisson : 15 min 112 calories/pers.**

• 400 g noix de Saint-Jacques avec leur corail • 1 bouquet de citronnelle • 1 vingtaine de pousses d'épinards • 1 cube de bouillon dégraissé • quelques brins de ciboulette • quelques graines de poivre rose • gros sel

Réalisation

Nettoyez et épluchez la citronnelle. Taillez-en les branches en fins bâtonnets. Faites-les blanchir dans 1 litre de bouillon reconstitué pendant 5 minutes environ. Hors du feu, couvrez et laissez infuser pendant quelques minutes supplémentaires.

Rincez les Saint-Jacques à l'eau courante et essuyez-les dans du papier absorbant.

Nettoyez les feuilles d'épinards et disposez-les à plat sur votre plan de travail afin de constituer des papillotes.

Disposez sur chacune une noix de Saint-Jacques, salez légèrement et ajoutez quelques baies de poivre. Fermez les papillotes à l'aide des brins de ciboulette, puis déposez-les dans le panier inférieur de votre cuit-vapeur. Faites-les cuire pendant 10 minutes en utilisant le bouillon à la citronnelle. Servez bien chaud.

POÊLÉE DE GAMBAS À LA CORIANDRE

4 pers. **Prép. : 15 min Marin. : 1 h Cuis. : 10 min 125 cal./pers.**

•16 gambas • 2 cuil. à soupe de jus de citron vert • 1 cuil. à café de graines de coriandre + coriandre fraîche • 1 dose de safran en poudre • 2 cuil. à soupe d'huile d'olive • gros sel • 1 cuil. à café de poivre noir concassé

Réalisation

Préparez la marinade : mélangez le jus de citron, 1 cuillerée d'huile d'olive, le poivre concassé et le safran, les graines de coriandre et le gros sel. Décortiquez les gambas en prenant soin d'en conserver la queue. Versez la marinade sur les gambas et laissez reposer au réfrigérateur pendant au moins 1 heure.

Faites chauffer l'huile restante et poêlez-y les gambas préalablement égouttées.
Déglacez avec la marinade, mélangez et rectifiez l'assaisonnement si nécessaire.
Servez dans des cassolettes et décorez de brins de coriandre fraîche.

QUEUES DE CABILLAUD AU BEURRE ANISÉ

4 pers. **Prép. : 15 min Cuisson : 30 à 35 min 260 cal./pers.**

• 1 queue de cabillaud de 800 g environ • 10 cl de fumet de poisson • 2 bulbes de fenouil • 1/2 citron non traité • 1 cuil. à café de graines d'anis • 40 g de beurre allégé • sel, poivre du moulin

Réalisation

Préchauffez le four à 240 °C (th. 8).
Disposez la queue de cabillaud dans un plat allant au four, salez, poivrez, arrosez de fumet et parsemez de graines d'anis. Enfournez et laissez cuire 30 minutes environ.
Pendant ce temps, enlevez les premières côtes des bulbes de fenouil, coupez-les dans le sens

de la hauteur et faites-les blanchir pendant 5 à 6 minutes dans de l'eau bouillante modérément salée. Arrêtez la cuisson et égouttez-les.
Prélevez le zeste du citron.
Dans une sauteuse, faites revenir les morceaux de fenouil dans le beurre. Ajoutez le zeste de citron. Salez et poivrez, réduisez le feu et prolongez la cuisson pendant 20 minutes environ.
Sortez le poisson du four, disposez-le sur un plat de service creux. Disposez le fenouil tout autour et nappez du jus de cuisson. Servez aussitôt.

ROUGETS GRILLÉS À LA MENTHE

Préparation : 15 min Marinade : 30 min Cuisson : 20 min

4 pers. **209 calories/personne**

• 4 rougets-barbets de 120 g chacun • 4 tomates moyennes • 2 citrons • 2 gousses d'ail • 2 cuil. à soupe d'huile d'olive extra vierge • gingembre en poudre • 2 branches de menthe fraîche • sel, poivre noir en grains

Réalisation

Pelez, épépinez les tomates, puis coupez-les en morceaux. Pelez et écrasez les gousses d'ail.

Chauffez 1 cuillerée d'huile dans une sauteuse et ajoutez-y le hachis d'ail et les tomates. Laissez mijoter 10 minutes environ. Salez et poivrez.
Mixez les tomates pour en faire un coulis et ajoutez-y le jus d'un demi-citron. Réservez au réfrigérateur.
Préparez la marinade : versez le jus des citrons restants dans un plat creux, le reste de l'huile, une pincée de gingembre, un peu de sel et de poivre en grains concassé.
Lavez, videz, puis épongez le poisson dans du papier absorbant avant de le plonger dans la marinade. Couvrez et placez au frais pendant 30 minutes.
Faites griller les rougets préalablement égouttés au barbecue pendant 4 minutes sur chaque face.
Au moment de servir, nettoyez, ciselez la menthe et ajoutez-la au coulis de tomates. Servez le coulis en saucière et le poisson dans un plat de service.

SALADE TIÈDE DE GAMBAS; SABAYON AU CURRY

4 pers. **Prép. : 15 à 20 min Cuisson : 10 min 154 calories/pers.**

• 16 gambas • 2 cuil. à soupe d'huile d'olive extra vierge • 1/2 citron • 200 g de mesclun • quelques feuilles de cresson • 1 branche de cerfeuil • 2 jaunes d'œufs • 5 cl de fumet de poisson • 1 pincée de curry • 2 cuil. à soupe de crème liquide allégée

Réalisation

Préparez le sabayon : faites chauffer au bain-marie les jaunes d'œufs battus, le fumet de poisson et le curry. Mélangez au fouet jusqu'à obtention d'un mélange homogène et onctueux. Retirez du feu et laissez refroidir. Ajoutez la crème liquide et placez au réfrigérateur. Décortiquez les gambas ne conservez que les queues. Dans une poêle, faites chauffer l'huile et plongez-y les gambas. Faites-les rougir de chaque côté puis déglacez avec le jus de citron. Réservez au chaud.

Dressez les assiettes : placez au centre le mesclun ainsi que quelques feuilles de cresson. Disposez dessus les gambas en corolle, nappées de sabayon. Parsemez de cerfeuil ciselé et servez tiède.

SAUMON FUMÉ À LA MOUSSE DE POIVRE VERT

4 pers. **Prép. : 10 min Réfrigération : 1 à 2 h 173 calories/pers.**

• 4 belles tranches de saumon fumé • 4 tranches de pain de mie complet • 1 cuil. à soupe de poivre vert en grains • 1 échalote • 1 citron vert • 2 cuil. à soupe d'huile d'olive

Réalisation

Extrayez le jus du citron vert au presse-fruits. Passez le poivre vert, l'échalote pelée, l'huile et le jus de citron au mixeur jusqu'à obtenir une purée homogène. Réservez au frais. Faites dorer les tranches de pain de mie sous le gril du four des deux côtés, badigeonnez-les de sauce et disposez sur chacune une tranche de saumon. Servez frais.

TRUITES EN PAPILLOTE À LA CRÈME D'ANETH

4 pers. **Prép. : 20 min Cuisson : 35 min 218 calories/pers.**

• 2 truites de 300 g chacune • 2 carottes • 2 navets • 1 poireau • 2 tomates • 1 oignon • 4 cuil. à soupe de crème fraîche à 15 % de MG • 1 cuil. à café de grains de poivre rose • 1 cuil. à soupe d'aneth ciselé • sel, poivre du moulin

Réalisation

Coupez le poireau, l'oignon, les navets et les carottes en julienne. Pelez les tomates, épépinez-les et passez-les au mixeur.

Faites cuire les légumes à l'eau bouillante salée pendant 10 minutes environ, puis égouttez-les.

Dans une poêle, faites revenir 1 cuillerée de crème avec les oignons coupés en julienne et la concassée de tomates. Ajoutez à la julienne de légumes et assaisonnez le tout.

Nettoyez les poissons et évidez-les. Préchauffez le four à 225 °C (th. 7-8). Découpez 4 carrés de papier d'aluminium de 40 cm de côté et déposez sur chacun les légumes puis le poisson. Salez et poivrez la chair du poisson, fermez les papillotes et faites cuire à four chaud pendant 15 à 20 minutes.

Faites bouillir quelques minutes le reste de crème dans une poêle avec les grains de poivre. Salez et ajoutez l'aneth ciselé. Nappez les truites de cette sauce et servez aussitôt.

•

AGNEAU RÔTI AU PARFUM D'ANIS

Préparation : 30 min Attente : 15 min Cuisson : 30 à 35 min

4 pers. **349 calories/personne**

• 600 g d'épaule d'agneau maigre • 2 bulbes de fenouil • 2 courgettes • 8 tomates cerise • 2 gousse d'ail • 1 étoile de badiane (anis étoilé) • 2 cuil. à soupe de jus de citron • 1 cuil. à café de moutarde • 1 cuil. à soupe d'huile d'olive • sel, poivre

Réalisation

Préchauffez le four à 210 °C (th. 7).

Dans un plat en terre cuite, déposez l'épaule d'agneau, badigeonnez-la d'huile d'olive à l'aide d'un pinceau et assaisonnez modérément.

Disposez l'anis et les gousses d'ail, non pelées, à côté. Enfournez et laissez cuire environ 30 minutes.

Arrêtez la cuisson et laissez l'agneau au four, porte entrouverte, pendant 10 minutes.

Coupez les tomates cerise en deux et déposez-les au fond du plat. Lavez le fenouil et coupez-le en deux dans le sens de la longueur. Rincez les courgettes et détaillez-les en petits cubes sans les peler. Placez les légumes dans le panier de l'autocuiseur et laissez-les cuire pendant 15 minutes. Recueillez le jus de cuisson de la viande dans une saucière et ajoutez-y la moutarde et le jus de citron. Mélangez et rectifiez l'assaisonnement si nécessaire. Détaillez l'agneau en tranches régulières, entourez les morceaux de viande de légumes et nappez de sauce. Servez le restant de jus déglacé en saucière.

AIGUILLETTES DE POULET AU CURRY

4 pers. **Prép. : 20 min Cuisson : 15 min 215 calories/pers.**

• 500 g de blancs de poulet • 2 oignons blancs • 1 poivron rouge • 3 cuil. à soupe de crème fraîche légère • 1 cuil. à soupe d'huile de tournesol • 1 cuil. à café de curry en poudre • sel, poivre du moulin

Réalisation

Coupez les blancs de poulet en fines lamelles. Pelez et émincez grossièrement les oignons. Nettoyez le poivron à l'eau courante, enlevez le pédoncule et les graines et taillez-le en lanières. Dans une poêle, faites chauffer l'huile et laissez dorer la viande ainsi que les oignons. Ajoutez les lanières de poivron et prolongez la cuisson sur feu moyen pendant 10 minutes. Déglacez les sucs de la viande avec la crème fraîche, assaisonnez et saupoudrez de curry. Servez aussitôt.

BAVETTE GRILLÉE AU THYM FRAIS

Préparation : 15 min Marinade : 30 min Cuisson : 10 min

4 pers. **222 calories/personne**

• 4 tranches de bavette de 120 g chacune • 2 cuil. à soupe d'huile d'olive • quelques branches de thym frais • sel, poivre du moulin

Réalisation

Rincez et ciselez les branches de thym. Huilez généreusement les tranches de bavette et parsemez-les d'herbes ciselées. Laissez en attente pendant 30 minutes environ. Faites griller la bavette au barbecue ou au gril et assaisonnez en fin de cuisson pour éviter de desséchez la viande. Servez aussitôt.

BROCHETTES DE VEAU AUX DEUX POIVRES

Préparation : 5 min Marinade : 12 h Cuisson : 10 à 15 min

4 pers. **345 calories/personne**

• 600 g de noix de veau • 2 tomates bien mûres • 2 cuil. à soupe de crème fraîche allégée • 2 cuil. à soupe d'huile d'olive • 1 verre de Maury (vin doux naturel) • 1 cuil. à soupe de vinaigre de vin • poivres vert et rose en grains • 1 ou 2 branches de romarin frais • sel, poivre du moulin

Réalisation

Préparez la marinade : dans un plat creux, mélangez le Maury, le vinaigre de vin, quelques grains de poivre et un peu de romarin émietté.
Détaillez la viande en cubes de taille régulière et faites-les macérer, au frais, dans la marinade pendant la nuit.
Préparez une huile aromatisée en mêlant l'huile d'olive avec le reste du romarin émietté. Réservez jusqu'au lendemain. Confectionnez les brochettes en alternant cubes de viande et quartiers de tomate. Badigeonnez-les d'huile au romarin, salez et poivrez modérément. Faites griller les brochettes 7 à 8 minutes en les retournant régu-

lièrement. Filtrez la marinade, faites-la réduire de moitié sur feu doux, ajoutez-y la crème fraîche et laissez épaissir quelques minutes. Servez les brochettes nappées de sauce au Maury.

CANARD A LA VANILLE

4 pers. **Prép. : 15 min Cuisson : 40 min 351 calories/pers.**

• 4 cuisses de canard • 2 gousses de vanille Bourbon • 3 tomates moyennes • 1 oignon jaune • 1 carotte • 20 cl de bouillon de volaille dégraissé • 1 cuil. à soupe de farine de blé • 1 cuil. à café de cassonade • 1 cuil. à soupe d'huile de tournesol • 1 bouquet garni (laurier, thym...) • sel, poivre gris moulu

Réalisation

Épluchez l'oignon et la carotte, détaillez-les en julienne. Dans une sauteuse à fond épais, faites chauffer l'huile. Jetez-y la julienne de légumes et poêlez à feu vif. Sortez et réservez les légumes. Coupez les tomates en petits dés. Faites dorer les morceaux de canard sur chaque face puis jetez l'excédent de matières grasses. Ajoutez les tomates, les gousses de vanille fendues dans le sens de la longueur et le bouquet garni. Délayez

la farine dans un bol avec 1 ou 2 cuillerées d'eau. Ajoutez la pâte ainsi obtenue aux autres ingrédients et mélangez. Mouillez avec le bouillon, saupoudrez de cassonade, salez et poivrez modérément.
Réduisez le feu et laissez mijoter 20 à 25 minutes. Rectifiez l'assaisonnement avant de servir.

CARRÉ D'AGNEAU AU CITRON ET BAIES DE GENIÈVRE

Préparation : 15 min Marinade : 1 h Cuisson : 30 min

4 pers. **358 calories/personne**

• 600 g de carré d'agneau • 2 gousses d'ail • 1 citron • 2 cuil. à soupe d'huile d'olive extra vierge • 1 cuil. à café de baies de genièvre • 1 branche de romarin • poivre noir du moulin

Réalisation

Prélevez le zeste du citron et pressez le fruit. Pelez les gousses d'ail. Dans un mortier, broyez au pilon les baies de genièvre, l'ail, le zeste et le jus du citron, le romarin et l'huile d'olive. Placez l'agneau dans un plat creux, poivrez et versez la marinade. Placez au réfrigérateur pendant au

moins 1 heure. Préchauffez le four à 210 °C (th. 7). Faites cuire votre agneau mariné à four chaud pendant 15 à 20 minutes.
En fin de cuisson, placez-le sous le gril du four, de chaque côté, pour le faire légèrement dorer. Servez aussitôt.

CÔTES D'AGNEAU AU THYM ET VINAIGRETTE À LA MENTHE

4 pers. **Prép. : 30 min Cuisson : 20 min 254 calories/pers.**

• 8 côtes d'agneau • 2 gousses d'ail • 1 branche de thym • 4 cuil. à soupe d'huile d'olive • 2 cuil. à soupe de vinaigre de xérès • 1 bouquet de menthe fraîche • sel, poivre du moulin

Réalisation

Frottez les côtes d'agneau avec l'ail épluché et coupé en deux et saupoudrez-les de thym émietté avant de les griller au barbecue.
Préparez la vinaigrette en mélangeant l'huile, le vinaigre et la menthe ciselée (juste avant de servir). Assaisonnez à votre convenance. Servez la vinaigrette, à part, en saucière.

CÔTES DE PORC ROTIES, GALETTE DE LAITUE AUX CÈPES ET AUX HERBES

4 pers. **Prép. : 20 min Cuisson : 1 h 380 calories/pers.**

• 1 carré de côtes de porc de 700 g environ • 2 cuil. à soupe d'huile d'olive • 20 cl de bouillon de volaille dégraissé • 2 laitues • 200 g de cèpes • 2 gousses d'ail • 3 échalotes moyennes • 4 cuil. à soupe de crème fleurette allégée • ciboulette • sel de Guérande, poivre du moulin

Réalisation

Préchauffez le four à 180 °C (th. 6). Salez modérément et poivrez votre carré de côtes de porc et placez-le dans un plat à feu. Enfournez et laissez cuire 30 à 45 minutes en prenant soin de l'arroser régulièrement avec le bouillon de volaille au cours de la cuisson.

Préparez les galettes de laitue : nettoyez la salade et débarrassez-la des feuilles abîmées. Séparez les feuilles de laitue et faites-les blanchir quelques minutes à l'eau bouillante légèrement salée. Égouttez-les et réservez.

Nettoyez les champignons et faites-les sauter à l'huile d'olive. Ajoutez l'ail pilé, les échalotes hachées et la ciboulette ciselée. Déglacez avec

la crème fleurette, laissez réduire puis arrêtez la cuisson. Réservez.
Chemisez le fond et les bords de 4 petits ramequins avec les feuilles de laitue. Garnissez avec la préparation ci-dessus. Couvrez d'aluminium et placez au four (à 120 °C) pendant 20 minutes environ. Détaillez le carré en 4 côtes et servez avec les galettes de laitue aux cèpes.

DINDE GLACÉE AUX HERBES

Préparation : 15 min Cuisson : 2 h 30 min à 3 h

8 à 10 pers. **288 calories/personne**

• 1 dinde de 3,5 à 4 kg • 2 citrons jaunes • 1 citron vert • 10 cl de vin blanc sec • 2 cuil. à soupe de cassonade ou de sucre semoule roux • 40 g de beurre ou 2 cuil. à soupe d'huile • 1 bouquet de sauge • thym • origan (ou marjolaine sauvage) • fleur de sel, poivre noir du moulin

Réalisation

Préchauffez le four à 170-180 °C (th. 5-6).
Retirez le cou et les abats de l'animal ou faites parer la viande par votre fournisseur.

Assaisonnez la chair avec du sel et du poivre. Pelez les citrons, coupez-les en deux et pressez-en une moitié pour obtenir 2 cuillerées de jus que vous réservez. Coupez le restant en rondelles de taille identique et farcissez-en la dinde par le cou. Émiettez le thym et nettoyez les feuilles de sauge. Introduisez thym, sauge et origan dans la dinde avant de coudre l'ouverture.

Placez la dinde sur la lèchefrite, poitrine dessus. Badigeonnez-la de beurre fondu ou d'huile végétale. Enfournez.

Comptez 20 minutes de cuisson par livre (500 g) et n'oubliez pas de retourner la dinde régulièrement pour qu'elle dore sur toutes les faces.

Dans un petit bol, mélangez le vin, la cassonade et les 2 cuillerées de jus de citron.

Durant les 30 dernières minutes de cuisson de la dinde, badigeonnez-la de cette préparation.

Répétez l'opération 2 ou 3 fois en cours de cuisson.

Servez la dinde découpée avec la farce au milieu.

ESTOUFFADE DE BŒUF AUX ÉPICES

4 pers. **Prép. : 30 min Cuisson : 2 h 396 calories/personne**

• 1 gîte de noix de bœuf d'environ 1 kg • 100 g de haricots blancs • 2 ou 3 carottes • 4 tomates • 2 oignons jaunes • 1 gousse d'ail • 2 cuil. à soupe de farine de blé • 50 cl de vin rouge corsé • thym • laurier • cannelle en poudre • 1 clou de girofle • persil plat • 2 cuil. à soupe d'huile d'arachide ou de tournesol • sel, poivre du moulin

Réalisation

Préchauffez le four à 180 °C (th. 6). Détaillez le gîte de bœuf en morceaux de taille identique.
Pelez et épépinez les tomates et découpez-les en cubes. Pelez les oignons et les carottes, et découpez-les en rondelles. Faites blanchir les haricots blancs dans une casserole d'eau bouillante légèrement salée.
Dans une grande cocotte en fonte, faites chauffer l'huile. Faites-y revenir les morceaux de viande. Ajoutez tour à tour, les oignons, les carottes, du thym, du laurier, la gousse d'ail pelée et écrasée, une pincée de sel et du poivre. Faites revenir le tout sur feu vif pendant quelques minutes.
Réduisez le feu, saupoudrez de farine puis remuez

pour enrober tous les morceaux. Mouillez avec le vin, la même quantité d'eau, ajoutez une pointe de cannelle, le clou de girofle, les haricots blancs et les tomates.
Couvrez et laissez mijoter sur feu très doux pendant 2 heures environ en prenant soin de remuer de tant à autre en cours de cuisson. Parsemez de persil plat ciselé avant de servir.

FILET MIGNON À LA VAPEUR D'HERBES

4 pers. **Prép. : 15 min Cuisson : 30 min 192 calories/pers.**

• 500 g de filet mignon de veau ou de porc • 20 g de beurre • 1 oignon • 1 carotte • persil, thym, sauge... • muscade râpée • sel, poivre du moulin

Réalisation

Coupez le filet mignon en 4 tranches de taille égale. Pelez et émincez l'oignon et la carotte. Faites fondre le beurre dans une sauteuse et faites-y dorer les légumes. Recouvrez d'eau, assaisonnez et saupoudrez de muscade. Laissez cuire à couvert pendant 6 minutes environ. Préchauffez le four à 210 °C (th. 7).

Découpez 4 carrés de papier d'aluminium. Déposez-y les légumes, les herbes aromatiques ciselées, la viande légèrement salée et poivrée. Fermez les papillotes et enfournez pendant 20 à 25 minutes. Dressez les papillotes sur 4 assiettes de service et servez aussitôt.

FILET MIGNON DE PORC AU CURRY

Préparation : 20 min Marinade : 1 h Cuisson : 30 min

4 pers. **271 calories/personne**

• 1 filet mignon de porc de 600 g environ • 2 yaourts bulgares • 2 gousses d'ail • 1 citron vert • 100 g de tomates pelées et épépinées • 2 oignons jaunes • 2 feuilles de laurier • 1 bâton de cannelle • 1 bouquet de coriandre • 2 cuil. à soupe d'huile de tournesol • 1 pincée de curry en poudre • sel, poivre noir du moulin

Réalisation

Pelez et écrasez les gousses d'ail. Pelez et émincez les oignons. Dans une jatte, mélangez les yaourts brassés, le curry, l'ail et le jus du citron vert. Coupez la viande en gros cubes et ajoutez-les à la préparation précédente, mélangez bien et

laissez macérer au moins 1 heure au frais. Faites chauffer l'huile dans une cocotte. Bien chaude, jetez-y les oignons, le laurier et la cannelle. Mélangez et laissez dorer quelques minutes. Ajoutez la viande et saisissez-la sur feu vif pendant quelques secondes en remuant à la cuillère en bois. Réduisez le feu et ajoutez-y les tomates. Salez et poivrez. Mélangez et laissez mijoter 20 minutes environ.
Au moment de servir, versez la viande et les légumes dans un plat de service creux et parsemez de coriandre fraîchement ciselée.

FOIE DE VEAU POÊLÉ AUX CIBOULES

4 pers. **Prép. : 15 min Cuisson : 15 à 20 min 240 calories/pers.**

• 4 tranches de foie de veau de 120 g chacune • 2 blancs de poireau • 4 ciboules • 40 g de beurre • 2 cuil. à soupe de sauce de soja • 1 cuil. à soupe de vinaigre de cidre • sel, poivre noir du moulin

Réalisation

Parez les blancs de poireau et les ciboules et détaillez-les en fine julienne. Dans un bol, délayez la sauce de soja avec le vinaigre de cidre. Faites chauffer la moitié du beurre dans une sauteuse. Ajoutez les légumes et laissez-les fondre pendant 10 à 12 minutes. Salez et poivrez à votre convenance. Arrêtez la cuisson et réservez. Faites fondre le restant de beurre dans une poêle. Faites revenir le foie de chaque côté pas plus de quelques minutes, il doit rester rosé à l'intérieur. Déglacez avec le mélange vinaigre et sauce de soja et remuez. Ajoutez les légumes et poursuivez la cuisson pendant 2 à 3 minutes. Servez bien chaud.

LAPIN SAUTÉ À LA PROVENÇALE

4 pers. **Prép. : 15 min Cuisson : 35 min 310 calories/pers.**

• 600 g de poitrine de lapin • 12 olives vertes dénoyautées • 1 barquette de tomates cerise • herbes de Provence • 2 cuil. à soupe d'huile d'olive • fleur de sel, poivre du moulin

Réalisation

Rincez les tomates cerise à l'eau courante et essuyez-les dans du papier absorbant. Faites dorer les morceaux de lapin dans l'huile d'olive bien chaude. Salez et poivrez légèrement.

Prolongez la cuisson sur feu moyen pendant 30 minutes et mouillez de temps à autre avec un peu d'eau. Saupoudrez généreusement d'herbes de Provence.
10 minutes avant la fin de la cuisson, ajoutez les tomates cerise coupées en deux et les olives. Rectifiez l'assaisonnement en fin de cuisson et servez.

POULET À LA MENTHE AUX CITRONS CONFITS

4 pers. **Prép. : 20 min Cuisson : 20 min 280 calories/pers.**

• 600 g de blancs de poulet • 50 g de beurre doux • 2 oignons jaunes • 25 cl de bouillon de volaille dégraissée • 1 bouquet de menthe • 1 bouquet de coriandre • 4 branches de persil • 1/2 bouquet de ciboulette • 2 citrons non traités • sel, poivre noir du moulin

Réalisation

Lavez les citrons, prélevez le zeste, râpez-le et pressez le fruit. Épluchez et détaillez les oignons en lamelles. Détaillez la viande en lanières régulières. Faites fondre 10 g de beurre dans une sauteuse à revêtement anti-adhésif et faites revenir les oignons.

Ajoutez le poulet et mouillez avec le bouillon. Salez et poivrez. Couvrez et laissez cuire pendant environ 20 minutes.

Pendant ce temps, lavez et ciselez la menthe (réservez-en la moitié), la coriandre, le persil et la ciboulette. Dans une casserole, faites fondre le beurre restant avec les herbes et la moitié de la menthe ciselée.

Versez le beurre aux herbes sur le poulet avec le jus des citrons et les zestes râpés. Laissez mijoter 10 minutes supplémentaires. Servez dans un plat de service creux, agrémentez de menthe ciselée.

POULET FERMIER AU BASILIC

4 pers. **Prép. : 20 min Cuisson : 40 à 45 min 248 cal./pers.**

• 1 poulet fermier d'environ 1,2 kg • 1 oignon blanc • 2 gousses d'ail • 200 g de tomates • 3 ou 4 branches de basilic frais • 1/2 citron • 1 cuil. à soupe d'huile d'olive • fleur de sel, poivre noir du moulin

Réalisation

Préchauffez le four à 220 °C (th. 7-8).

Assaisonnez l'intérieur du poulet et placez-le dans un plat à rôtir. Déposez les gousses d'ail et l'oignon au fond du plat sans les peler.

Faites cuire la volaille pendant 30 minutes en l'arrosant de temps en temps avec un peu d'eau.

Retirez l'ail et l'oignon du plat et remettez le poulet au four pendant 10 à 15 minutes.

Pelez les tomates et écrasez-les avec au pilon. Ajoutez le jus du citron et l'huile d'olive. Hachez le basilic et ajoutez-le à la sauce.

Sortez le poulet du four et découpez-le. Déposez les morceaux dans un plat de service.

Récupérez le suc de cuisson et ajoutez-le à la sauce à l'ail.

Réchauffez-la sur feu doux et versez-la sur la viande. Servez aussitôt.

POULET RÔTI POMME CANNELLE

4 pers. **Prép. : 20 min Cuisson : 45 min 310 calories/pers.**

• 1 poulet d'environ 1,2 kg • 2 pommes bien juteuses • 10 cl de jus de pomme 100 % fruits sans sucre ajouté • 1 citron • 10 g de beurre • cannelle en poudre • sel, poivre noir du moulin

Réalisation

Préchauffez le four à 210 °C (th. 7). Salez et poivrez le poulet et disposez-le dans un plat allant au four. Cuisez-le environ 35 minutes en prenant soin de le retourner de temps à autre. Pressez le jus du citron et mélangez-le au jus de pomme. Pelez et épépinez les pommes puis coupez-les en quartiers. Faites-les revenir dans le beurre. Lorsqu'ils sont dorés, ajoutez-les au poulet.

Déglacez les sucs de la viande avec le jus de pomme citronné et ajoutez 15 cl d'eau.

Saupoudrez de cannelle et prolongez la cuisson au four pendant 5 à 10 minutes. Découpez la volaille et disposez les morceaux sur un plat de service.

Agrémentez-la avec les quartiers de pomme poêlés et nappez de sauce.

RÂBLE DE LAPIN AU BASILIC

4 pers. **Prép. : 15 min Cuisson : 45 min 288 calories/pers.**

• 1 râble de lapin de 600 g environ • 500 g de tomates bien mûres • 2 oignons • 1 verre de vin blanc • 1 verre de bouillon dégraissé • 1 branche de basilic frais • 1 cuil. à soupe d'huile de tournesol • sel, poivre du moulin

Réalisation

Épluchez et émincez les oignons. Coupez le râble en morceaux. Coupez les tomates en quartiers. Faites revenir le lapin dans l'huile bien chaude. Ajoutez les oignons. Déglacez avec le bouillon de volaille et le vin blanc. Assaisonnez.

Faites cuire pendant 30 à 40 minutes à feu moyen. À mi-cuisson, ajoutez les tomates. Au moment de servir, rectifiez l'assaisonnement et ajoutez à la sauce le basilic fraîchement ciselé.

RÔTI DE PORC FARCI À LA SAUGE

4 pers. **Prép. : 15 min Cuisson : 30 min 310 calories/pers.**

• 600 g de rôti de porc • feuilles de sauge fraîche • 1 cuil. à soupe de moutarde de Dijon • 1 petit-suisse à 0 % de MG • 2 cuil. à soupe de jus de citron • sel, poivre du moulin

Réalisation

Préchauffez le four à 210 °C (th. 7). Rincez la sauge à l'eau courante, essuyez-la dans du papier absorbant et détaillez-la en fines lanières.

Dans une jatte, mélangez les lanières de sauge, le petit-suisse, la moutarde et le jus de citron. Salez légèrement et poivrez. Enduisez le rôti de cette préparation, enveloppez-le dans un papier d'aluminium et placez-le dans un plat allant au four. Enfournez et laissez cuire 20 minutes environ. Au terme de la cuisson, ôtez la feuille d'aluminium et placez votre rôti quelques minutes sous le gril du four pour le faire légèrement dorer. Retournez-le pour en griller toutes les faces. Servez dès la sortie du four.

SAUTÉ DE LAPIN AU THYM

4 pers. **Prép. : 25 min Cuisson : 45 min 365 calories/pers.**

• 4 cuisses de lapin • 400 g de pommes de terre • 2 oignons • 2 échalotes • 1 gousse d'ail • 12 cl de vin blanc sec • 20 g de beurre • 1 cuil. à soupe d'huile de tournesol • thym • persil • sel, poivre du moulin

Réalisation

Dans une cocotte, faites chauffer 10 g de beurre et l'huile et laissez dorer les cuisses de lapin quelques minutes sur chaque face. Pelez les oignons, l'ail et les échalotes et coupez l'oignon en 2 ou en 4. Émiettez le thym.

Ajoutez-les à la viande, assaisonnez et mouillez avec le vin blanc. Couvrez et laissez cuire sur feu doux pendant 30 minutes.

Pelez les pommes de terre et coupez-les en 4. Dans une sauteuse, faites chauffer le reste de beurre et faites-y dorer les légumes en remuant sans cesse. Salez, poivrez et laissez cuire à feu moyen pendant 10 minutes.

Après 30 minutes de cuisson, ajoutez 10 cl d'eau et mélangez pour décoller les sucs de la viande. Ajoutez les pommes de terre, couvrez et prolongez la cuisson pendant 10 à 15 minutes supplémentaires. Saupoudrez de persil haché et servez aussitôt.

TIAN DE POULET À LA PROVENÇALE

4 pers. **Prép. : 15 min Cuisson : 20 à 25 min 329 calories/pers.**

• 600 g de blancs de poulet • 4 courgettes • 1 poivron jaune • 4 tomates moyennes • 4 cuil. à soupe de parmesan râpé • 1 branche de thym • 1 gousse d'ail • 2 cuil. à soupe d'huile d'olive • fleur de sel, poivre du moulin

Réalisation

Préchauffez le four à 180 °C (th. 6). Lavez les légumes, épongez-les dans du papier absorbant, épluchez-les et taillez-les en fines rondelles.
Découpez le poulet en tranches épaisses. Frottez l'intérieur d'un plat à four avec la gousse d'ail. Disposez les rondelles de légumes et les tranches de poulet en alternance dans le plat en les faisant se chevaucher. Salez et poivrez. Arrosez d'huile d'olive. Saupoudrez de parmesan.
Enfournez et laissez cuire pendant 20 à 25 minutes. Servez chaud dès la sortie du four.

TOURNEDOS GRILLÉS, SAUCE AUX BAIES ROSES

4 pers. **Prép. : 10 min Cuisson : 10 min 287 calories/pers.**

• 4 tournedos de 120 g chacun • 1 verre de vin blanc sec • 40 g de beurre allégé • 2 cuil. à soupe de crème fraîche à 5 % de MG • 3 cuil. à soupe de baies roses • sel, poivre du moulin

Réalisation

Préparez la sauce : dans une casserole, versez le vin blanc, ajoutez les baies roses et portez à ébullition. Laissez réduire de moitié.

Hors du feu, ajoutez la crème fraîche petit à petit en fouettant jusqu'à obtention d'une crème onctueuse, légèrement épaissie. Salez et poivrez. Ajoutez le beurre fractionné.

Réchauffez la préparation sur feu très doux. Faites griller les tournedos à la poêle ou au barbecue sans adjonction de matières grasses. Assaisonnez modérément. Servez la viande légèrement rosée, nappée de sauce aux baies.

•

ARTICHAUTS MARINÉS AU THYM

Préparation : 15 min Marinade : 30 min Cuisson : 20 min

4 pers. **109 calories/personne**

• 4 artichauts violets de Provence • 2 gousses d'ail • 1 citron • 1 cuil. à soupe de sucre semoule • 2 cuil. à soupe de vinaigre de vin blanc • 2 cuil. à soupe d'huile d'olive • thym • sel, poivre du moulin

Réalisation

Pressez le jus de la moitié du citron et conservez le reste. Nettoyez et parez les artichauts : coupez le haut des feuilles en ne laissant que 2 à 3 cm de hauteur à compter de la base du légume. Citronnez les artichauts pour les empêcher de noircir puis plongez-les dans de l'eau bouillante salée pendant 20 minutes environ.

Pendant ce temps, épluchez et émincez finement l'ail. Coupez le demi-citron restant en quartiers. Lavez et ciselez le thym.

Faites chauffer l'huile d'olive dans une poêle et faites revenir l'ail et la moitié du thym. Ajoutez le vinaigre, une pincée de sel, du poivre et le

sucre. Mélangez et arrêtez la cuisson. Laissez refroidir.
Égouttez les artichauts et coupez-les en deux. Enlevez soigneusement le foin avec une cuillère à café. Mélangez les fonds d'artichaut avec la marinade et placez au réfrigérateur pendant au moins 30 minutes avant de servir. Décorez avec quelques brins de thym et les quartiers de citron.

ASPERGES GRATINÉES AUX GRAINES DE SÉSAME

4 pers. **Prép. : 10 min Cuisson : 30 min 119 calories/pers.**

•1 kg d'asperges • 2 œufs • 4 cuil. à soupe de crème fraîche à 15 % de MG • 2 cuil. à soupe de graines de sésame • sel, poivre du moulin

Réalisation

Pelez les asperges en allant de la pointe vers le pied. Coupez éventuellement le bout du pied. Lavez-les à grande eau. Liez-les en botte et plongez-les dans de l'eau bouillante salée pendant 15 minutes environ. Égouttez-les et réservez-les au chaud. Battez les œufs et la crème jusqu'à obtention d'un mélange homogène. Salez et poivrez légèrement. Dans un plat allant au four, disposez les asperges et versez dessus le mélange œufs-crème. Parsemez de graines de sésame et enfournez pendant 15 à 20 minutes. Servez dès la sortie du four.

AUBERGINES AU CUMIN

Préparation : 15 min Réfrigération : 2 h Cuisson : 20 min

4 pers. **135 calories/personne**

• 4 aubergines • 1 citron • 4 cuil. à soupe d'huile d'olive • 1 cuil. à soupe de graines de coriandre • 1 cuil. à soupe de graines de cumin • 2 cuil. à soupe de concentré de tomates • 1 bouquet garni • sel, poivre noir concassé

Réalisation

Portez à ébullition 50 cl d'eau légèrement salée. Ajoutez-y l'huile, le jus du citron, la coriandre, le cumin, le bouquet garni et le concentré de tomates. Poivrez à votre convenance. Ôtez les extrémités des aubergines puis détaillez-les en petits cubes. Plongez-les dans le court-bouillon précédemment préparé pendant 10 minutes environ. Égouttez les aubergines et réservez-les. Filtrez le court-bouillon et faites-le réduire de moitié à gros bouillons. Versez dans un plat de service creux, jetez-y les dés d'aubergines et placez au frais jusqu'au moment de servir.

BROCOLI FAÇON GRIBICHE

4 pers. **Prép. : 10 min Cuisson : 10 min 170 calories/pers.**

• 800 g de brocoli • 1 citron • 1 œuf • 4 cuil. à soupe d'huile d'olive • herbes aromatiques (cerfeuil, persil plat...) • sel, poivre du moulin

Réalisation

Lavez le brocoli et faites-le cuire à la vapeur pendant 8 à 10 minutes. Égouttez-le et réservez. Faites durcir l'œuf. Écalez-le et extrayez-en le jaune. Écrasez-le à la fourchette, mêlez-le au jus du citron et à l'huile d'olive. Salez et poivrez. Lavez et ciselez les herbes et ajoutez-les au mélange précédent. Servez le brocoli en bouquets, nappé de sauce aux herbes.

CANNELÉS DE CONCOMBRE FARCIS À LA MENTHE

4 pers. **Prép. : 15 min Cuisson : 10 min 54 calories/personne**

• 2 petits concombres • 100 g de ricotta • menthe fraîche • 1 cuil. à soupe d'huile d'olive • paprika en poudre • sel, poivre noir en grains

Réalisation

Cannelez les concombres sur toute la longueur avec la pointe d'un couteau. Taillez 8 tronçons de dimension identique et plongez-les dans de l'eau bouillante légèrement salée pendant 5 à 7 minutes. Égouttez-les et rafraîchissez-les aussitôt dans de l'eau froide. Évidez quelque peu l'intérieur pour pouvoir ensuite les farcir. Mélangez la ricotta avec les grains de poivre concassés, l'huile d'olive, un peu de sel et des feuilles de menthe ciselées. Garnissez l'intérieur des concombres et placez-les au frais jusqu'au moment de servir. Saupoudrez de paprika en poudre.

CAROTTES CONFITES AU PAPRIKA

4 pers. **Prép. : 15 min Cuisson : 30 min 178 calories/pers.**

• 800 g de carottes primeur • 2 cuil. à soupe de miel de fleurs • 4 cuil. à soupe d'huile d'olive extra vierge • 1/2 citron • paprika en poudre • sel

Réalisation

Nettoyez et pelez les carottes puis détaillez-les en rondelles.

Portez à ébullition une grande casserole d'eau salée et plongez-y les légumes quelques minutes juste le temps de les blanchir. Égouttez-les.

Dans un saladier, mélangez le miel, l'huile, le jus du citron et saupoudrez de paprika. Versez le mélange dans une cocotte, ajoutez-y les carottes et laissez cuire sur feu doux pendant 20 minutes supplémentaires. Servez aussitôt.

CASSOLETTES DE GIROLLES À LA CIBOULETTE

4 pers. **Prép. : 15 min Cuisson : 10 min 140 calories/pers.**

• 800 g de girolles • 4 cuil. à soupe de crème liquide allégée • 1 bouquet de ciboulette • 1 échalote grise • 2 cuil. à soupe d'huile d'olive • 1 pincée de fleur de sel de Guérande • poivre noir concassé

Réalisation

Nettoyez les girolles dans un linge sans les laver. Lavez, séchez et ciselez la ciboulette. Pelez et hachez l'échalote. Faites chauffer l'huile dans une sauteuse et faites-y revenir les girolles avec le hachis d'échalote pendant 5 minutes à feu vif. Salez et poivrez.

Réduisez le feu, versez la crème fleurette puis ajoutez la ciboulette. Prolongez la cuisson de quelques minutes supplémentaires, à découvert. Versez dans des caquelons individuels et servez aussitôt.

CHOU ROUGE BRAISÉ AUX ÉPICES

4 pers. **Prép. : 15 min Cuisson : 50 min 154 calories/pers.**

• 1/2 chou rouge • 1 pomme type Golden • 1 oignon jaune • 2 cuil. à soupe de cassonade • 10 cl de bouillon de volaille dégraissé • 10 cl de vin blanc sec • 2 cuil. à soupe d'huile de tournesol • 2 cuil. à soupe d'épices variées (baies de genièvre, cannelle moulue, clou de girofle, cumin).

Réalisation

Pelez la pomme, débarrassez-la du trognon et râpez-la grossièrement. Lavez et coupez le chou en lanières régulières. Pelez et hachez grossièrement l'oignon. Dans une cocotte, faites chauffez l'huile et ajoutez-y l'oignon, la pomme et les épices. Faites colorer à feu moyen puis saupoudrez de cassonade. Mélangez.

Mouillez avec le bouillon de volaille et le vin puis ajoutez-y le chou. Couvrez, réduisez le feu et laissez mijoter environ 45 minutes. Vérifiez la cuisson à l'aide de la pointe d'un couteau.

CONCOMBRES À LA CRÈME D'ANETH

Préparation : 10 min Réfrigération : 15 min

4 pers. **54 calories/personne**

• 2 concombres moyens • 4 cuil. à soupe de crème liquide allégée • 2 cuil. à soupe de vinaigre de vin • 2 cuil. à soupe d'aneth frais • 1 cuil. à café de sucre semoule • fleur de sel

Réalisation

Pelez et épépinez les concombres. Coupez-les en deux dans le sens de la longueur. Saupoudrez-les de sel et laissez dégorger au frais pendant 15 minutes environ. Égouttez les concombres et essuyez-les dans du papier absorbant. Détaillez-les en petits dés. Dans une jatte, mélangez la crème, le vinaigre et le sucre semoule.

Versez la sauce sur les concombres, mélangez et parsemez d'aneth ciselé. Placez au réfrigérateur jusqu'au moment de servir.

CONCOMBRES AU CURCUMA

Préparation : 15 min Réfrigération : 1 h Cuisson : 10 min

4 pers. **108 calories/personne**

• 2 concombres • 1 oignon • 2 gousses d'ail • 2 cuil. à soupe de graines de sésame • 4 cuil. à soupe d'huile de sésame • 2 cuil. à soupe de vinaigre de vin • curcuma en poudre • fleur de sel

Réalisation

Pelez puis détaillez les concombres en rondelles. Ébouillantez-les dans de l'eau vinaigrée pendant 1 à 2 minutes, égouttez-les puis épongez-les dans du papier absorbant. Réservez. Pelez l'oignon et les gousses d'ail et hachez-les. Faites chauffer l'huile dans une sauteuse et faites-y dorer le hachis précédemment préparé. Ajoutez les graines de sésame et saupoudrez de curcuma et. Mélangez et rectifiez l'assaisonnement si nécessaire. Versez sur les rondelles de concombre et placez au frais jusqu'au moment de servir.

FLANS D'ÉPINARDS AU GINGEMBRE

4 pers. **Prép. : 10 min Cuisson : 25 min 134 calories/pers.**

• 800 g de pousses d'épinards • 20 g de beurre • 1 œuf entier + 1 jaune • 100 g de crème épaisse à 5 % de MG • gingembre en poudre • sel, poivre du moulin

Réalisation

Parez et ébouillantez les épinards dans de l'eau légèrement salée pendant 2 à 3 minutes.
Égouttez-les. Préchauffez le four à 180 °C (th. 6).
Faites fondre le beurre dans une poêle et jetez-y les pousses d'épinards. Saisissez-les sur feu vif pendant 5 minutes environ. Assaisonnez. Passez-les à la moulinette ou hachez-les et ajoutez-y l'œuf entier puis le jaune. Mélangez. Incorporez la crème et saupoudrez de gingembre. Rectifiez l'assaisonnement si nécessaire.
Tapissez des ramequins individuels de papier sulfurisé et versez-y l'appareil ci-dessus.
Enfournez et laissez cuire au bain-marie pendant 15 à 20 minutes. Vérifiez la cuisson avec la pointe d'un couteau et servez dès la sortie du four.

FLANS DE POTIMARRON AUX HERBES

4 pers. **Prép. : 30 min Cuisson : 1 h 139 calories/personne**

• 600 g de chair de potimarron • 2 œufs entiers + 2 jaunes • 4 cuil. à soupe de crème fraîche à 5 % de MG • muscade en poudre • 6 brins de ciboulette • sel, poivre du moulin

Réalisation

Épluchez et coupez le potimarron en morceaux. Faites-le cuire à la vapeur pendant 30 minutes environ à compter du chuchotement de la soupape. Les morceaux doivent être fondants. Lavez et ciselez la ciboulette. Passez la chair de potimarron au mixeur à grande vitesse puis ajoutez à la purée ainsi obtenue les œufs puis les jaunes un à un et la crème fraîche. Ajoutez la ciboulette et mixez à nouveau. Assaisonnez et ajoutez un peu de noix de muscade.

Tapissez 4 ramequins individuels de papier sulfurisé et remplissez-les de crème de potimarron. Faites-les cuire au bain-marie à four moyen pendant 30 à 35 minutes. Piquez les flans avec la pointe d'un couteau pour en vérifier la cuisson.

GÂTEAU DE COURGETTES AUX HERBES

Préparation : 30 min Attente : 1 h Cuisson : 1 h 15 min

4 pers. **182 calories/personne**

• 6 petites courgettes • 2 tomates moyennes • 1 gousse d'ail • 3 œufs moyens • 4 cuil. à soupe de crème fraîche allégée • 2 yaourts nature • 1/2 citron • 1 cuil. à soupe de Maïzena • 1 cuil. à soupe d'huile d'olive • 1 bouquet d'herbes aromatiques fraîches (ciboulette, persil, estragon...) • gros sel, poivre du moulin

Réalisation

Préchauffez le four à 180 °C (th. 6). Préparez les légumes : lavez les courgettes, coupez les extrémités puis râpez-les. Saupoudrez-les de gros sel et faites-les dégorger 1 heure. Égouttez-les et épongez-les soigneusement dans du papier absorbant. Pelez et épépinez les tomates puis coupez-les en rondelles, rangez-les sur le fond du moule tapissé de papier sulfurisé.

Dans une casserole, faites chauffer l'huile, ajoutez-y l'ail écrasé au presse-ail et les courgettes. Faites cuire à couvert pendant 10 minutes. Assaisonnez. Lavez les herbes fraîches, retirez-en les tiges et hachez les feuilles. Versez la moitié des herbes sur les courgettes. Battez les œufs, la

Maïzena et la moitié de la crème fraîche dans un bol, ajoutez aux courgettes, mélangez et rectifiez l'assaisonnement si nécessaire. Versez sur les tomates et faites cuire au four, au bain-marie, pendant 1 heure environ. Laissez refroidir et démoulez le gâteau de légumes.

Préparez la sauce : dans une jatte, mélangez le jus du citron, les yaourts, le reste de crème, le hachis d'herbes, du sel, du poivre et placez au réfrigérateur. Au moment de servir, tranchez le gâteau et nappez de sauce aux herbes.

HARICOTS VERTS AUX GRAINES DE SÉSAME

4 pers. **Prép. : 15 min Cuisson : 10 min 71 calories/personne**

• 400 g de haricots verts frais • 2 cuil. à soupe de sauce de soja • 2 cuil. à soupe d'huile de sésame • 1 cuil. à soupe de graines de sésame

Réalisation

Effilez les haricots verts en brisant les extrémités. Faites-les cuire à la vapeur pendant 10 minutes environ. Passez-les sous l'eau froide puis égouttez-les et réservez-les au frais.

Dans une jatte, mélangez l'huile de sésame, les graines de sésame et la sauce de soja. Versez sur les haricots et servez aussitôt.

POÊLÉE D'ARTICHAUTS AU PISTOU

4 pers. **Prép. : 30 min Cuisson : 1 h 160 calories/personne**

• 4 artichauts bretons • 600 g de pois gourmands • 1/2 citron • 1 cœur de laitue • 2 cuil. à soupe d'huile d'olive • quelques branches de basilic • sel, poivre du moulin

Réalisation

Débarrassez les artichauts de leurs feuilles et enlevez le foin à l'aide d'une cuillère. Citronnez les fonds d'artichaut. Taillez-les en petits dés. Nettoyez le cœur de laitue et détaillez-le en lanières.

Faites chauffer l'huile dans une cocotte et plongez-y les fonds. Faites sauter sur feu vif pendant 15 minutes environ. Ajoutez les pois et les lanières de laitue et prolongez la cuisson à couvert pendant 45 minutes environ, sans rajouter de liquide. Assaisonnez à votre convenance.

Ciselez le basilic au dernier moment pour en préserver le maximum de saveur et parsemez sur la poêlée de légumes.

POÊLÉE DE LÉGUMES, SAUCE AU CURRY

4 pers. **Prép. : 15 min Cuisson : 25 min 122 calories/pers.**

• 2 aubergines • 4 petites tomates • 1 poivron vert • 2 gousses d'ail • 1 oignon • 2 cuil. à soupe de crème fraîche à 15 % de MG • 2 cuil. à soupe d'huile d'olive • 1/2 citron • curry en poudre • sel, poivre du moulin

Réalisation

Préchauffez le four à 180 °C (th. 6). Lavez les aubergines et coupez-les en tranches fines dans le sens de la longueur. Faites-les revenir dans 1 cuillerée d'huile bien chaude. Déposez-les sur du papier absorbant pour éliminer l'excédent de graisse. Pelez et hachez l'oignon et l'ail. Pelez les tomates et coupez-les en rondelles. Nettoyez le poivron, enlevez le pédoncule et les graines puis coupez-le en lanières. Dans un plat allant au four huilé, disposez les aubergines, les tomates et le poivron en couches successives. Entre chaque couche, assaisonnez les légumes et disposez l'oignon et l'ail hachés. Préparez la sauce : battez la crème fraîche avec le jus du citron, saupoudrez de curry, salez et poivrez. Versez sur les légumes et placez au four pendant 20 minutes environ. Servez dès la sortie du four.

POIVRONS DES LANDES FARCIS AU PAPRIKA

4 pers. **Préparation : 15 min 55 calories/personne**

• 8 poivrons longs des Landes • 200 g de fromage frais à 0 % de MG • 1 oignon jaune • 1 botte de ciboulette • 1 cuil. à soupe de moutarde de Dijon • 2 cuil. à soupe de raisins de Corinthe • paprika en poudre • cumin • sel

Réalisation

Débarrassez les poivrons de leur pédoncule et évidez-les. Épluchez et hachez l'oignon, ciselez la ciboulette.

Dans une jatte, mélangez le fromage frais, l'oignon, la ciboulette, la moutarde et les raisins secs. Ajoutez les épices et le sel selon vos goûts. Farcissez les poivrons avec la préparation et placez-les au réfrigérateur.

POMMES DE TERRE PRIMEUR À LA CRÈME DE CIBOULETTE

4 pers. **Prép. : 10 min Cuisson : 15 min 140 ou 147 cal./pers.**

• 600 g de pommes de terre primeur • 4 cuil. à soupe de crème fraîche épaisse à 5, 8 ou 15 % de MG • quelques brins de ciboulette • 1 botte de cresson • 1 échalote • sel, poivre noir moulu

Réalisation

Épluchez le cresson, lavez-le, essorez-le et réservez quelques feuilles pour la décoration ; hachez-le finement. Épluchez et hachez l'échalote, ciselez la ciboulette. Grattez la peau des pommes de terre, rincez-les à l'eau courante et faites-les cuire à l'autocuiseur pendant 15 minutes à partir de la rotation de la soupape. Laissez-les refroidir puis coupez-les en deux. Évidez le centre des pommes de terre en réalisant un trou d'environ 3 cm de diamètre. Dans une jatte, mélangez la crème, l'échalote, la ciboulette et le cresson.

Assaisonnez. Répartissez la farce dans les pommes de terre et servez sur les assiettes, décorées de quelques feuilles de cresson.

SALADE TIÈDE DE POMMES DE TERRE AUX FINES HERBES

4 pers. **Prép. : 10 min Cuisson : 10 min 126 calories/pers.**

• 4 pommes de terre à chair ferme de type « belle de Fontenay » • 200 g de faisselle à 6 % de MG • 1 échalote grise • 1/2 bouquet de persil plat • 1/21 bouquet de ciboulette • fleur de sel, poivre noir du moulin

Réalisation

Brossez puis lavez les pommes de terre. Faites-les cuire en robe des champs dans le panier supérieur de votre autocuiseur pendant 10 à 12 minutes à compter du chuchotement de la soupape.

Égouttez la faisselle, assaisonnez-la. Hachez l'échalote et ciselez les herbes aromatiques.

Ajoutez-les à la faisselle et placez au frais jusqu'au moment de servir. Épluchez les pommes de terre, détaillez-les en rondelles et servez-les tièdes, agrémentées de faisselle aux herbes.

SOUFFLÉ D'AUBERGINES AUX QUATRE-ÉPICES

4 pers. **Prép. : 30 min Cuisson : 30 min 232 calories/pers.**

• 4 aubergines • 1 cuil. à soupe d'huile d'olive • 1 oignon jaune • 30 g de beurre • 1 cuil. à soupe bombée de farine de blé • 20 cl de lait écrémé • 2 œufs • 2 cuil. à soupe de parmesan râpé • 2 pincées de quatre-épices • sel, poivre gris moulu

Réalisation

Préchauffez le four à 200 °C (th. 6-7). Coupez les aubergines en 2 dans le sens de la longueur. Faites-les cuire au four pendant 10 à 15 minutes. Retirez la pulpe des aubergines sans en abîmer la peau. Hachez l'oignon et faites-le revenir à la poêle dans le beurre. Ajoutez-y la pulpe d'aubergine et la farine. Mouillez avec le lait et prolongez la cuisson pendant quelques minutes sans cesser de remuer afin d'obtenir une pâte homogène.

Hors du feu, ajoutez les jaunes d'œufs et les blancs montés en neige. Assaisonnez à votre convenance. Remplissez les aubergines avec cette préparation et saupoudrez de parmesan. Enfournez et faites cuire pendant 10 à 15 minutes sans ouvrir la porte du four en cours de cuisson. Servez aussitôt.

TARTARE DE TOMATES À LA CORIANDRE

4 pers. **Prép. : 15 min Réfrigération : 1 h 138 calories/pers.**

- 4 grosses tomates • 4 cuil. à soupe d'huile d'olive extra vierge
- 1 bouquet de coriandre • fleur de sel, poivre du moulin

Réalisation

Incisez les tomates en forme de croix en leur centre et plongez-les dans de l'eau bouillante légèrement salée pendant quelques minutes. Égouttez-les, laissez-les refroidir et pelez-les. Coupez-les en quatre, débarrassez-les des parties dures et détaillez-les en petits cubes.

Dans une jatte, versez les dés de tomate, une pincée de sel, du poivre, deux cuillerées d'huile et la coriandre fraîchement ciselée. Réservez au frais pendant au moins 1 heure.

Dressez les assiettes : façonnez en leur centre un dôme avec le carpaccio de tomates, versez dessus un filet d'huile d'olive et décorez de quelques feuilles de coriandre.

TARTE FINE AUX HERBES

4 pers. **Prép. : 10 min Cuisson : 30 min 262 calories/pers.**

• 250 g de pâte feuilletée • 100 g de brousse (fromage de brebis) • 2 cuil. à soupe d'huile d'olive • 2 bouquets d'herbes aromatiques variées (cerfeuil, persil, basilic...) • sel, poivre du moulin

Réalisation

Préchauffez le four à 200 °C (th. 6-7). Déroulez la pâte sur son papier sulfurisé, posez-la sur votre plan de travail. Formez des ronds de pâte de 8 à 10 cm de diamètre. Piquez-les de quelques coups de fourchette, repliez un peu les bords pour faire un petit bourrelet en humidifiant la pâte pour qu'elle adhère. Lavez et ciselez les herbes fraîches. Repartissez la brousse et les herbes sur la pâte, salez et poivrez.

Arrosez d'un filet d'huile d'olive et enfournez pendant 20 à 25 minutes. Servez chaud ou tiède.

TIANS DE COURGETTES PERSILLÉES

4 pers. **Prép. : 25 min Cuisson : 45 min 217 calories/pers.**

• 4 petites courgettes • 100 g de pousses d'épinards • 1 oignon jaune • 1 gousse d'ail • 2 cuil. à soupe de riz long • 2 cuil. à soupe d'huile d'olive • 2 gros œufs • 2 cuil. à soupe de parmesan râpé • 1 bouquet de persil plat • sel, poivre blanc du moulin

Réalisation

Lavez les courgettes, retirez-en les extrémités et taillez-les en tronçons. Faites-les cuire à la vapeur pendant 5 minutes.

Lavez les pousses d'épinards et essuyez-les dans du papier absorbant. Passez les courgettes et les épinards au mixeur jusqu'à obtention d'un appareil bien lisse et homogène.

Préchauffez le four à 200 °C (th. 6-7).

Pelez l'oignon et l'ail puis hachez-les. Faites-les dorer dans 1 cuillerée d'huile bien chaude. Arrêtez la cuisson et réservez-les.

Faites cuire le riz dans de l'eau bouillante salée pendant 10 minutes. Égouttez-le.

Dans une jatte, battez les œufs en omelette. Salez et poivrez à votre convenance. Incorporez le hachis de légumes, d'oignon et d'ail, le riz cuit,

le persil grossièrement ciselé puis le parmesan. Versez l'appareil ainsi obtenu dans 4 ramequins individuels, préalablement huilés.
Faites cuire à four chaud, à mi-hauteur, pendant 30 à 35 minutes. Servez les tians dès la sortie du four.

•

ANANAS POCHÉ AUX ÉPICES

4 pers. **Prép. : 15 min Cuisson : 25 min 72 calories/personne**

- 1 ananas • 2 étoiles de badiane • 2 bâtons de cannelle
- 1 gousse de vanille • 200 g d'édulcorant en poudre

Réalisation

Pelez l'ananas et réalisez des tranches de 1 cm d'épaisseur.

Préparez le sirop aux épices : dans une casserole, mélangez 1 litre d'eau, l'édulcorant, la badiane, la gousse de vanille fendue en deux dans le sens de la longueur et les bâtonnets de cannelle. Portez à ébullition et faites-y pocher les tranches d'ananas.

Après quelques minutes, arrêtez la cuisson, couvrez et laissez infuser pendant 15 minutes supplémentaires. Égouttez les fruits et disposez-les sur 4 assiettes de service. Faites réduire le sirop de moitié et filtrez-le. Réservez la badiane et les bâtons de cannelle pour la décoration. Versez le sirop encore tiède sur les tranches d'ananas pochées et servez.

BISCUITS À L'ANIS

Préparation : 15 min Attente : 12 h Cuisson : 10 à 12 min

20 biscuits unité = 35 calories

- 125 g d'édulcorant en poudre (thermostable) • 2 œufs entiers
- 150 g de farine de blé • 1 cuil. à soupe de graines d'anis vert

Réalisation

Dans une jatte, travaillez l'édulcorant et les œufs battus jusqu'à ce que le mélange blanchisse et s'enrubanne autour de la spatule.

Incorporez peu à peu la farine préalablement tamisée puis les graines d'anis. Mélangez délicatement. Préchauffez le four à 150 °C (th. 5). Façonnez les biscuits à la cuillère sur une plaque préalablement beurrée et laissez reposer toute une nuit. Enfournez les biscuits et laissez cuire pendant 10 à 12 minutes.

BLANC-MANGER, VANILLE DES ÎLES

Préparation : 30 min Réfrigération : 2 à 3 h Cuisson : 15 min

4 pers. **155 calories/personne**

• 100 g de fromage blanc à 0 % de MG • 50 cl de lait écrémé • 20 cl de crème fleurette allégée • 150 g de génoise (fond rond) • 4 cuil. à soupe d'édulcorant en poudre thermostable • 4 feuilles de gélatine alimentaire • 4 abricots rouges du Roussillon • 2 gousses de vanille Bourbon.

Réalisation

Faites ramollir les feuilles de gélatine dans de l'eau froide. Fendez les gousses de vanille en deux dans le sens de la longueur et grattez-en les graines avec la pointe d'un couteau. Faites chauffer le lait dans une casserole avec une gousse de vanille. Portez à ébullition, arrêtez la cuisson, couvrez et laissez infuser quelques minutes. Incorporez le lait aromatisé au fromage blanc puis sucrez avec 2 cuillerées d'édulcorant. Égouttez la gélatine et faites-la fondre dans 2 ou 3 cuillerées d'eau chaude. Remuez jusqu'à sa dissolution complète. Versez-la sur le fromage blanc et mélangez. Fouettez la crème en chantilly et incorporez-la à la préparation précédente.

Réserver au frais. Dans une casserole, portez à ébullition 20 cl d'eau sucrée avec le reste d'édulcorant et plongez-y les abricots dénoyautés et coupés en deux et ajoutez la gousse de vanille restante. Laissez cuire pendant 15 à 20 minutes et vérifiez la cuisson des fruits avec la pointe d'un couteau. Les oreillons doivent pouvoir être transpercés sans difficulté.

Coupez 4 cercles de génoise à l'aide d'un verre retourné. Disposez dessus les oreillons tranchés en fines lamelles et recouvrez avec la préparation laitière.

Façonnez et lissez le blanc-manger à la spatule et placez au réfrigérateur pendant 2 à 3 heures avant de servir.

CARPACCIO DE MANGUE, INFUSION ÉPICÉE

4 pers. **Prép. : 10 min Cuisson : 5 min 133 calories/personne**

• 2 mangues bien mûres • 1 sachet d'infusion à la verveine • 4 cuil. à soupe de miel parfumé • 4 fleurs de badiane (anis étoilé) • 1 citron non traité • quelques feuilles de menthe fraîche • poivre noir concassé

Réalisation

Pelez les mangues, coupez-les en deux et dénoyautez-les. Coupez la chair des fruits en fines lanières. Prélevez le zeste du citron et pressez le jus. Dans une casserole, faites fondre le miel avec le jus et quelques zestes de citron. Portez le tout à ébullition et arrêtez la cuisson.

Faites infuser la verveine dans ce sirop, ajoutez la badiane et couvrez. Laissez reposer quelques minutes. Filtrez et saupoudrez de poivre concassé.

Dressez les assiettes à dessert : disposez les lamelles de mangue en éventail et nappez-les d'infusion épicée. Réservez au frais, et décorez de feuilles de menthe au moment de servir.

CHUTNEY DE POIRES AU CURRY

4 pers. **Prép. : 10 min Marinade : 12 h 42 calories/personne**

• 2 poires moyennes • 6 cuil. à soupe d'édulcorant en poudre • 2 cuil. à soupe de vinaigre de vin • 1 échalote • 1 citron • 1 pincée de curry en poudre

Réalisation

Pelez et évidez les poires avant de les détailler en fine julienne. Citronnez-les pour éviter qu'elles ne noircissent. Pelez et émincez l'échalote et mélangez-la aux poires.

Dans un plat creux, mêlez le vinaigre, le restant de jus de citron, l'édulcorant et le curry. Faites mariner la julienne dans cette préparation pendant 12 heures au minimum et placez au réfrigérateur jusqu'au moment de servir.

CRÈME CHOCOLAT CANNELLE

Préparation : 20 min Réfrigération : 2 h Cuisson : 30 min

4 pers. 129 calories/personne

• 50 cl de lait écrémé • 1 gousse de vanille • 4 cuil. à soupe de cacao amer en poudre • 6 jaunes d'œufs • 100 g d'édulcorant en poudre • cannelle en poudre

Réalisation

Préchauffez le four à 180 °C (th. 6). Versez le lait dans une casserole et ajoutez-y le bâton de vanille fendu sur toute sa longueur. Portez à ébullition puis éteignez le feu, couvrez et laissez infuser quelques minutes. Battez les jaunes d'œufs avec l'édulcorant jusqu'à ce que le mélange blanchisse. Incorporez le cacao et saupoudrez de cannelle. Mélangez vivement. Réchauffez le lait. Aux premiers frémissements, versez-le doucement sur la préparation au cacao et remuez. Versez la crème dans des ramequins individuels et disposez-les dans un plat à four rempli d'eau. Couvrez et laissez cuire au bain-marie pendant 30 minutes environ. Piquez les crèmes avec la pointe d'un couteau pour en vérifier la cuisson. Prolongez de quelques minutes si nécessaire. Sortez du four et laissez refroidir avant de placez au réfrigérateur jusqu'au moment de servir.

CROUSTADES DE FRUITS AUX ÉPICES

4 pers. **Prép. : 10 min Cuisson : 5 à 7 min 236 calories/pers.**

• 8 feuilles de brick • 400 g de fruits frais (kiwi, fraises, pommes...) • 1/2 citron • 1 jaune d'œuf • épices variées (cannelle en poudre, anis étoilé...)

Réalisation

Préchauffez le four à 200 °C (th. 6-7). Préparez les fruits et détaillez-les en morceaux. Citronnez-les. Étalez les feuilles de brick sur votre plan de travail et superposez-les deux par deux.

Disposez les fruits au centre des 4 piles de feuilles et refermez les feuilles comme un bonbon. Badigeonnez de jaune d'œuf au pinceau et laissez dorer au four pendant 5 à 7 minutes.

DUO DE MOUSSES AU CHOCOLAT SAFRANÉES

Préparation : 20 min Réfrigération : 2 h Cuisson : 4 min

4 pers. **130 calories/personne**

• 100 g de chocolat blanc • 100 g de chocolat noir allégé • 20 cl de crème liquide allégée • 1 feuille de gélatine • 1 œuf entier + 1 blanc d'œuf • édulcorant en poudre • safran en filament ou en poudre (1 dose)

Réalisation

Faites tremper la feuille de gélatine dans de l'eau froide pour la ramollir. Cassez le chocolat blanc en morceaux. Faites bouillir 10 cl de crème puis jetez-y le safran. Hors du feu, ajoutez la gélatine et remuez vivement jusqu'à sa dissolution complète. Versez ensuite la crème sur le chocolat blanc. Mélangez et sucrez la mousse à votre convenance. Fouettez le restant de crème liquide en chantilly et montez les blancs d'œufs en neige. Conservez le jaune. Cassez le chocolat noir en morceaux, faites-le fondre au bain-marie. Ajoutez le jaune d'œuf. Hors du feu, incorporez délicatement la chantilly et les blancs d'œufs battus. Édulcorez. Versez les mousses dans des verres transparents en les superposant. Terminez par celle au chocolat blanc parsemée de filaments de safran. Placez au frais environ 30 minutes jusqu'au moment de servir.

CRUMBLES AUX POMMES, GLACE AUX ÉPICES

4 pers. **Prép. : 20 min Cuisson : 30 min 302 calories/pers.**

• 3 cuil. à soupe de farine de blé type 45 • 2 à 3 cuil. à soupe de vergeoise (sucre roux) • 30 g de beurre allégé • 2 cuil. à soupe d'amandes hachées • 5 à 6 pommes reines des reinettes • 100 g d'édulcorant en poudre thermostable • 1 citron • 50 cl de lait écrémé • 2 jaunes d'œufs • 10 cl de crème fleurette allégée • 1/2 gousse de vanille • mélange d'épices : 1 bâton de cannelle en poudre, macis [facultatif], 4 pincées de muscade, 1/2 cuil. à café de graines de coriandre, 1/2 cuil. à café de poivre noir en grains • 1 pincée de sel

Réalisation

Broyez au pilon dans un mortier la cannelle, le macis, la muscade, et les graines de coriandre et de poivre. Faites chauffer dans une casserole le lait avec la 1/2 gousse de vanille fendue dans le sens de la longueur et égrenée. Dans une jatte, mêlez les jaunes d'œufs avec 2 à 3 cuillerées d'édulcorant jusqu'à l'obtention d'un mélange homogène et légèrement blanchi. Versez dessus le lait encore chaud. Replacez la crème ainsi obtenue sur feu doux et faites épaissir en veillant à ne pas faire bouillir. Hors du feu, ajoutez le mélange d'épices et la crème. Laissez refroidir, puis placez cette crème au congélateur.

Préparez la pâte du crumble : dans un saladier, mélangez la farine, les amandes hachées, la vergeoise et le sel. Ajoutez le beurre fondu et malaxez la préparation du bout des doigts. Réservez au réfrigérateur. Préchauffez le four à 180 °C (th. 6). Épluchez les pommes puis coupez-les en petits morceaux.

Placez-les dans une casserole avec 2 cuillerées d'édulcorant, le jus du citron et une pincée de cannelle en poudre. Laissez fondre sur feu doux pendant 10 minutes environ. Disposez la fondue de pommes dans 4 ramequins individuels et ajoutez-y la pâte émiettée. Faites cuire pendant 10 à 15 minutes à four chaud. Servez le crumble tiède, avec une boule de glace aux épices.

FRAISES EN SALADE À LA CITRONNELLE ET AU BASILIC

4 pers. **Prép. : 10 min Réfrigération : 1 h 60 calories/pers.**

• 400 g de fraises gariguette • 4 cuil. à soupe de sucre cristallisé • quelques branches de citronnelle fraîche • 1/2 citron vert • quelques feuilles de basilic

Réalisation

Rincez les fraises à grande eau puis équeutez-les. Coupez-les en deux. Rincez et ciselez la citronnelle et le basilic.

Dans une jatte, mélangez les morceaux de fraise, les herbes ciselées, le sucre et le jus du citron. Placez au frais 1 heure au minimum.

FRAISES ÉPICÉES EN AUMONIÈRE

Préparation : 15 min Marinade : 1 h Cuisson : 10 min

4 pers. **160 calories/personne**

• 400 g de fraises gariguette • 8 feuilles de brick • 1 bouquet de menthe fraîche • 4 cuil. à soupe d'édulcorant en poudre • 1 cuil. à soupe de jus de citron • 20 g de beurre • épices variées (cannelle, cardamome, badiane...)

Réalisation

Nettoyez les fraises et équeutez-les. Coupez-les en deux, disposez-les dans un saladier et saupoudrez-les d'édulcorant et d'épices. Citronnez-les et réservez au réfrigérateur pendant une bonne heure. Préchauffez le four à 210 °C (th. 7).

Faites fondre le beurre dans une casserole et badigeonnez les feuilles de brick sur les deux faces. Superposez les feuilles de brick deux par deux. Déposez en leur centre la menthe effeuillée et les fraises égouttées.

Refermez les feuilles de brick en aumônières sans trop les serrer. Faites-les dorer au four pendant 8 à 10 minutes et servez aussitôt.

GRANITÉ À LA MENTHE

4 pers. **Prép. : 15 min Réfrigération : 6 h 92 calories/pers.**

• 5 cl de crème de menthe • 30 cl de jus de citron vert • 40 g de sucre semoule

Réalisation

Faites frémir 30 cl d'eau dans une casserole sans la faire bouillir. Ajoutez le sucre et laissez-le fondre sur feu doux.

Hors du feu, ajoutez le jus de citron et la crème de menthe. Versez cette préparation dans un récipient hermétique et fermez. Placez-le au congélateur pendant au moins 6 heures.

Quelques minutes avant de servir, griffez le granité à la fourchette pour le réduire en paillettes. Répartissez-le dans des coupes individuelles et servez aussitôt.

GRATINS D'AGRUMES AUX ÉPICES

4 pers. **Prép. : 10 min Cuisson : 20 min 195 calories/pers.**

• 2 oranges moyennes • 1 pamplemousse rose • 3 œufs • 3 cuil. à soupe d'édulcorant thermostable • 2 cuil. à soupe de sucre roux en poudre (cassonade) • 10 cl de crème fraîche allégée • 1 pointe de cannelle en poudre • 2 étoiles de badiane • 1 gousse de vanille • 20 g de beurre

Réalisation

Pressez le jus d'une orange. Pelez à vif l'orange restante ainsi que le pamplemousse et coupez-les en rondelles. Battez les œufs avec l'édulcorant jusqu'à obtention d'une mousse homogène. Ajoutez-y la crème fraîche. Fendez la gousse de vanille en deux dans le sens de la longueur. Préchauffez le four à 210 °C (th. 7).

Dans une casserole, faites chauffez le jus d'orange et ajoutez-y la cannelle, la gousse de vanille et les étoiles de badiane. Plongez les rondelles d'agrumes dans le jus d'orange et laissez infuser quelques minutes. Disposez les rondelles de fruits dans des ramequins individuels et couvrez du mélange à base d'œufs. Faites cuire pendant 10 minutes environ. En fin de cuisson, saupoudrez les gratins de sucre et passez-les quelques instants au gril. Servez tiède.

LAIT GLACÉ AU POIVRE DU SICHUAN

Préparation : 10 min Cuisson : 5 min Repos : 12 h

4 pers. **108 calories/personne**

• 50 cl de lait écrémé • 10 cl de crème liquide allégée • 2 jaunes d'œufs • 1 cuil. à soupe de poivre du Sichuan • 1 cuil. à soupe de lait en poudre • 150 g d'édulcorant thermostable

Réalisation

Dans une jatte, mélangez les œufs battus avec l'édulcorant et le lait en poudre. Ajoutez la crème liquide puis le lait. Poivrez.

Chauffez le mélange dans une casserole pendant 5 minutes environ sans jamais porter à ébullition. Laissez un peu épaissir.

Passez le tout au chinois et versez dans la sorbetière jusqu'au moment de servir.

GRATIN DE POIRES SAFRANÉES

4 pers. **Prép. : 10 min Cuisson : 25 min 143 calories/pers.**

• 4 poires moyennes • 1 citron • 20 g de beurre • 2 cuil. à soupe de miel liquide • safran en poudre • 2 cuil. à soupe d'amandes effilées

Réalisation

Préchauffez le four à 220 °C (th. 7-8) Pelez les poires et coupez-les en deux dans le sens de la longueur.

Retirez le cœur et les pépins. Citronnez-les pour éviter qu'elles ne noircissent. Beurrez un plat à gratin avec 10 g de beurre et rangez les demi-poires, côté plat contre le fond. Saupoudrez de safran.

Nappez les poires de miel, ajoutez le restant de beurre et parsemez d'amandes effilées.

Faites gratiner au four pendant 20 à 25 minutes. Servez tiède.

MOUSSE DE FRAISES À LA CORIANDRE

4 pers. **Prép. : 15 min Réfrigération : 30 min 87 cal./pers.**

• 200 g de fraises • 4 cuil. à soupe d'édulcorant en poudre • 20 cl de crème liquide allégée • 2 blancs d'œufs • 1 petit bouquet de coriandre

Réalisation

Nettoyez et équeutez les fraises. Gardez-en quelques-unes pour la décoration. Rincez la coriandre sous l'eau courante et hachez-la grossièrement. Passez les fraises et la coriandre au mixeur. Montez la crème en Chantilly en incorporant peu à peu l'édulcorant. Réservez au frais pendant 30 minutes. Fouettez les blancs en neige très ferme. Mélangez délicatement la purée de fraises à la chantilly puis incorporez les blancs en neige. Répartissez la mousse dans 6 coupelles et placez-les au réfrigérateur jusqu'au moment de servir. Décorez avec les fraises restantes et quelques feuilles de coriandre.

MOUSSE DE FROMAGE BLANC VANILLÉE

4 pers. **Prép. : 20 min Réfrigération : 1 h 68 calories/pers.**

• 300 g de fromage à 0 % de MG • 10 cl de crème liquide légère • 1 cuil. à soupe de jus de citron • 4 à 6 cuil. à soupe d'édulcorant en poudre • 2 gousses de vanille • 1 cuil. à soupe d'extrait de vanille

Réalisation

Fouettez la crème liquide bien froide en chantilly. Dans un bol, mélangez le fromage blanc avec l'édulcorant et ajoutez l'extrait de vanille. Une fois le mélange bien homogène, mélangez-le délicatement à la crème fouettée. Laissez en attente au réfrigérateur. Coupez les gousses de vanille en deux dans le sens de la longueur. Répartissez le fromage blanc dans des coupes individuelles et décorez avec les demi-gousses de vanille.

ORANGES SOUFFLÉES AU GINGEMBRE CONFIT

4 pers. **Prép. : 40 min Cuisson : 30 min 140 calories/per.**

• 4 oranges à peau épaisse • 2 œufs • 6 cuil. à soupe d'édulcorant en poudre • 3 cuil. à soupe de Maïzena ou de farine de blé • 2 cuil. à soupe de gingembre confit

Réalisation

Retirez la calotte sur le dessus de chaque orange. Coupez une fine rondelle à la base de l'orange pour que le fruit tienne debout. Évidez l'intérieur des oranges pour en récolter la pulpe sans abîmer l'écorce. Pressez la chair et filtrez le jus de l'orange. Préchauffez le four à 240 °C (th. 8). Séparez les blancs des jaunes d'œufs. Mélangez les jaunes avec l'édulcorant et la Maïzena. Délayez avec le jus d'orange recueilli. Faites chauffer le mélange sur feu doux et jetez-y quelques morceaux de gingembre confit. Retirez du feu dès que le mélange a épaissi.

Battez les blancs en neige et incorporez-les à la crème d'orange. Répartissez dans les écorces d'orange et passez-les au four pendant 30 minutes. Servez dès la sortie du four.

PAMPLEMOUSSE FRAIS AU GINGEMBRE

4 pers. **Prép. :15 min Cuisson : 15 à 20 min 52 calories/pers.**

• 2 pamplemousses roses • 200 g d'édulcorant en poudre thermostable • 1 racine de gingembre frais

Réalisation

Épluchez la racine de gingembre et coupez-la en deux ou trois morceaux avant de la râper grossièrement. Portez 20 cl d'eau à ébullition et plongez-y le gingembre pendant quelques minutes. Arrêtez la cuisson, ajoutez l'édulcorant, couvrez et laissez infuser pendant 5 à 10 minutes. Portez le jus au gingembre une nouvelle fois à ébullition et faites-le réduire jusqu'à obtention d'un sirop onctueux. Coupez les pamplemousses en deux, nappez de sirop et servez tiède.

POÊLON DE FRUITS ROUGES AU GINGEMBRE

4 pers. **Prép. : 10 min Cuisson : 5 à 8 min 84 calories/pers.**

• 100 g de framboises • 100 g de fraises des bois • 100 g de mûres • 4 cuil. à soupe de sucre semoule • copeaux de gingembre • quelques feuilles de menthe fraîche

Réalisation

Rincez les fruits et équeutez les fraises. Dans une poêle à fond épais, faites caraméliser le sucre avec les fruits. Saupoudrez de copeaux de gingembre râpé et ajoutez quelques feuilles de menthe ciselée. Prolongez la cuisson sur feu doux pendant 5 à 8 minutes avant de servir tiède, dans des ramequins individuels.

SABAYON DE FRAMBOISES À LA MENTHE FRAÎCHE

4 pers. **Prép. : 15 min Réfrigération : 2 h 52 calories/pers.**

• 250 g de framboises • 200 g de crème fraîche allégée à 5 % de MG • 100 g d'édulcorant en poudre • 1 bouquet de menthe fraîche

Réalisation

Rincez délicatement les framboises à l'eau courante et essuyez-les dans du papier absorbant. Versez-les dans le bol de votre mixeur et broyez-les à grande vitesse. Tamisez le coulis ainsi obtenu au chinois pour le débarrasser des graines. Reversez-le dans le bol de votre mixeur. Rincez et effeuillez les branches de menthe. Réservez quelques feuilles pour la décoration. Ajoutez le restant aux framboises ainsi que la crème et l'édulcorant. Mixez à nouveau.

Versez le sabayon dans des verres transparents, décorez de feuilles de menthe et placez au frais pendant 2 heures minimum.

SORBET AU BASILIC FRAIS

Préparation : 10 min Réfrigération : 12 h Cuisson : 5 min

4 pers. **0 calories/personne**

• 3 ou 4 bottes de basilic frais • 400 à 500 g d'édulcorant thermostable

Réalisation

Rincez le basilic à l'eau courante, égouttez-le et débarrassez-le des tiges les plus grosses. Mixez-le jusqu'à l'obtention d'une pâte parfaitement homogène.

Préparez un sirop : portez 50 cl d'eau à ébullition, ajoutez l'édulcorant et remuez jusqu'à sa dissolution complète. Laissez cuire à gros bouillons pendant 5 minutes environ. Arrêtez la cuisson et laissez tiédir. Versez sur la pâte de basilic et mélangez. Placez dans la sorbetière.

Au bout d'une heure, sortez le sorbet et mélangez-le. Enfin, replacez-le au congélateur jusqu'au moment de servir.

SOUFFLÉ À LA VANILLE ET AUX FRAMBOISES

4 pers. **Prép. : 40 min Cuisson : 40 min 236 calories/pers.**

- 500 g de framboises • 5 œufs • 100 g d'édulcorant en poudre
- 4 cuil. à soupe de Maïzena • 1 cuil. à soupe de crème légère
- 20 g de beurre • 1/2 citron non traité • 1 gousse de vanille • sel

Réalisation

Préchauffez le four à 180 °C (th. 6). Séparez les blancs des jaunes d'œufs. Fendez la gousse de vanille en deux dans le sens de la longueur et grattez-en la pulpe avec la pointe d'un couteau. Battez les jaunes d'œufs avec la moitié de l'édulcorant et ajoutez-y la pulpe de vanille. Versez la Maïzena, la crème et mélangez jusqu'à obtention d'une préparation mousseuse. Montez les blancs d'œufs en neige ferme, ajoutez-y une pincée de sel et le restant d'édulcorant. Incorporez les blancs à la préparation précédente. Beurrez un moule à soufflé. Saupoudrez-le d'édulcorant. Versez la moitié de l'appareil à soufflé dans le moule. Déposez dessus la moitié des framboises, préalablement rincées et égouttées. Couvrez avec le reste de l'appareil et faites cuire au four pendant

35 minutes. Faites cuire le reste des framboises avec 2 cuillerées de jus de citron, 10 cl d'eau et le zeste du citron, sur feu doux, pendant 5 minutes. Laissez refroidir et passez le tout au mixeur. Démoulez le soufflé et nappez-le de coulis de framboises.

SOUPE DE PÊCHES AUX BAIES ROSES

Préparation : 20 min Réfrigération : 12 h Cuisson : 5 min

4 pers. **80 calories/personne**

• 4 pêches jaunes bien mûres • 15 cl de vin rouge corsé • 4 cuil. à soupe d'édulcorant en poudre thermostable • quelques baies roses • 100 g de framboises • 1 branche de menthe fraîche

Réalisation

Épluchez les pêches. Faites chauffer dans une casserole, sans porter à ébullition, le vin avec l'édulcorant en poudre. Faites-y pocher les fruits pendant quelques minutes. Arrêtez la cuisson, ajoutez les baies roses, couvrez et laissez infuser les pêches pendant 15 minutes environ. Laissez refroidir, puis placez au réfrigérateur pendant au moins 12 heures. Servez les pêches et leur jus dans des coupes à fruits individuelles, agrémentés de framboises et de menthe fraîche ciselée au dernier moment.

STRUZEL AU GINGEMBRE ET PÊCHES RÔTIES

Préparation : 20 min Cuisson : 15 min Réfrigération : 2 h

4 pers. **197 calories/personne**

• 2 pêches blanches • 90 g de beurre allégé • 4 cuil. à soupe d'édulcorant en poudre thermostable • 1 cuil. à soupe de cassonade • 80 g de farine de blé • 2 cuil. à soupe d'amandes en poudre • 4 pincées de gingembre en poudre ou râpé • 2 cuil. à soupe d'épices variées (poivre noir en grains, cannelle en poudre, gingembre en poudre, extrait de vanille, anis vert en grains...)

Réalisation

Dans une jatte, mélangez 80 g de beurre, l'édulcorant, la cassonade, la farine, les copeaux de gingembre et la poudre d'amandes.
Travaillez la pâte avec les doigts jusqu'à obtention d'un appareil homogène. Placez au frais

pendant 2 heures au minimum. Préchauffez le four à 180 °C (th. 6).

Préparez les fruits pochés : épluchez les pêches, coupez-les en deux et dénoyautez-les. Portez 50 cl d'eau à ébullition et jetez-y les épices moulues. Faites pocher les fruits au sirop pendant 5 à 7 minutes. Arrêtez la cuisson, couvrez et laissez infuser. Égouttez les fruits et faites-les dorer quelques minutes dans le reste de beurre fondu. Réservez au chaud.

Étalez la pâte et découpez-en 4 cercles de 5 cm de diamètre à l'aide d'un emporte-pièce. Enfournez pendant 5 minutes environ.

Dressez les assiettes : tranchez chaque demi-pêche en fines lanières. Placez au centre de chaque assiette un cercle de pâte et disposez dessus les tranches de fruit. Saupoudrez d'épices et servez.

•

CRÈME AUX HERBES VARIÉES

4 pers. **Préparation : 5 min 25 calories/personne**

• 1 yaourt bulgare • 1 cuil. à soupe de crème fraîche à 5 % de MG • 1 cuil. à soupe de vinaigre de vin blanc • 4 cuil. à soupe d'herbes aromatiques variées (ciboulette, persil, cerfeuil, basilic, sauge...) • poivre noir concassé

Réalisation

Lavez et hachez finement les herbes aromatiques. Dans une jatte, mélangez le yaourt et la crème fraîche. Ajoutez le vinaigre et poivrez à votre convenance. Ajoutez les herbes et placez au frais jusqu'au moment de servir.

MOUSSE CITRONNÉE À L'ANETH

4 pers. **Prép. : 15 min Réfrigération : 30 min 32 calories/pers.**

• 100 g de fromage blanc à 0 % de MG • 2 cuil. à soupe de jus de citron jaune ou vert • 1 œuf • quelques branches d'aneth • poivre noir du moulin

Réalisation

Placez tous les ingrédients au frais au moins 30 minutes avant de réaliser la recette. Séparez le blanc du jaune d'œuf. Dans un bol, mélangez le fromage blanc et le jaune d'œuf. Ajoutez le jus de citron et poivrez. Montez le blanc d'œuf en neige et incorporez-le délicatement au mélange précédent à l'aide d'une spatule en bois. Rincez et ciselez l'aneth et ajoutez-le à la mousseline. Servez aussitôt.

PESTO

4 pers. **Préparation : 15 min 143 calories/personne**

• 1 bouquet de basilic frais • 2 cuil. à soupe de pignons • 40 g de parmesan • 1 gousse d'ail • 4 cuil. à soupe d'huile d'olive extra vierge • sel, poivre du moulin

Réalisation

Épluchez et hachez grossièrement la gousse d'ail. Râpez le parmesan. Lavez et équeutez le basilic. Réunissez tous les ingrédients dans le bol de votre mixeur et mixez par à coup jusqu'à obtention d'une pâte homogène. Remplissez un bocal en verre et fermez-le hermétiquement. Stockez le pesto au réfrigérateur.

SAUCE À LA CORIANDRE

4 pers. **Préparation : 20 min 73 calories/personne**

• 4 tomates • 1 botte d'oignons blancs • 2 citrons verts • 2 piments verts doux • 1 bouquet de coriandre fraîche • sel, poivre du moulin

Réalisation

Lavez et détaillez les tomates en petits cubes. Épluchez et hachez grossièrement les oignons puis ajoutez-les aux tomates. Extrayez le jus des citrons et ajoutez-les aux petits légumes. Assaisonnez à votre convenance. Lavez les feuilles de coriandre, débarrassez-les des tiges et hachez-les finement. Lavez et égrainez les piments puis hachez-les. Mélangez tous les ingrédients et placez au frais jusqu'au moment de servir.

SAUCE À LA MENTHE

Préparation : 5 min Cuisson : 5 min Infusion : 30 min

4 pers. **12 calories/personne**

• 1 bouquet de menthe fraîche • 4 cuil. à soupe de vinaigre de cidre • 1 verre de bouillon de volaille dégraissé • 1 cuil. à soupe de sucre roux.

Réalisation

Portez le bouillon de volaille à ébullition et faites-y fondre le sucre. Ajoutez le vinaigre, arrêtez la cuisson, couvrez et laissez infuser pendant au moins 30 minutes.
Au moment de servir, ajoutez la menthe ciselée et réchauffez la sauce sur feu doux.

Notre conseil : servez cette sauce avec des plats à base de riz et de volaille.

SAUCE À LA MOUTARDE ET AU CURRY

4 pers. **Prép. : 10 min Réfrigération : 1 h 90 calories/pers.**

• 4 cuil. à soupe de mayonnaise allégée • 4 cuil. à soupe de moutarde de Dijon ou à l'ancienne • 1 cuil. à café de curry en poudre • 1 cuil. à soupe de miel liquide • 2 cuil. à soupe de crème fraîche légère • 1 bouquet d'herbes fraîches • 1 cuil. à soupe de jus de citron vert.

Réalisation

Rincez les herbes aromatiques à l'eau courante, essuyez-les et ciselez-les grossièrement.
Dans une jatte, mélangez la mayonnaise avec la moutarde, le curry, le miel, la crème fraîche, les herbes hachées et le jus de citron vert. Placez la sauce au réfrigérateur jusqu'au moment de servir.

Notre conseil : servez cette sauce pour accompagner des viandes et des poissons grillés.

SAUCE À L'ANETH

4 pers. **Prép. : 15 min Cuisson : 10 min 45 calories/pers.**

• 10 cl de crème fleurette allégée • 15 cl de fumet de poisson • 1/2 verre de vin blanc sec • 1 botte d'aneth • 2 cuil. à soupe de jus de citron • sel, poivre du moulin

Réalisation

Dans une casserole, versez le fumet de poisson et le vin blanc. Portez à ébullition et laissez réduire d'un tiers. Hors du feu, ajoutez la crème et mélangez jusqu'à obtenir une sauce homogène et onctueuse. Passez le tout au mixeur à petite vitesse avec l'aneth préalablement rincé à grande eau et le jus de citron. Assaisonnez à votre convenance et servez bien chaud.

Notre conseil : servez cette sauce pour accompagner vos poissons et viandes blanches.

SAUCE AU BASILIC

4 pers. **Prép. : 5 min Réfrigération : 30 min 25 calories/pers.**

• 2 yaourts natures au lait écrémé • 2 cuil. à soupe de crème épaisse allégée • 2 cuil. à soupe de jus de citron • quelques branches de basilic frais • sel, poivre du moulin

Réalisation

Passez tous les ingrédients au mixeur, assaisonnez avant de placer la sauce au réfrigérateur pendant 30 minutes au minimum.

Notre conseil : servez cette sauce avec du poulet froid ou encore des terrines de poisson.

SAUCE AU FROMAGE BLANC ET À LA CIBOULETTE

4 pers. **Préparation : 10 min 20 calories/personne**

• 200 g de fromage blanc à 0 % de MG • 1 cuil. à soupe de jus de citron • 1 brin de ciboulette • sel, poivre noir

Réalisation

Fouettez le fromage blanc et incorporez le jus

de citron et la ciboulette finement ciselée. Salez et poivrez. Servez frais.

Notre conseil : servez cette sauce en accompagnement de toutes les crudités

SAUCE AU GINGEMBRE

4 pers. **Préparation : 5 min 68 calories/personne**

• 1 cuil. à soupe de vinaigre de riz • 2 cuil. à soupe d'huile de pépins de raisin • 1 cuil. à soupe d'huile de sésame • 1 pincée de gingembre râpé • 1 cuil. à soupe de sauce de soja

Réalisation

Mélangez tous les ingrédients et servez bien frais.

Notre conseil : assaisonnez les salades à base de chou, de soja et les volailles froides avec cette sauce.

SAUCE AU RAIFORT

4 pers. **Préparation : 10 min 33 calories/personne**

• 200 g de fromage blanc à 0 % de MG • 2 cuil. à soupe de crème fraîche légère • 1 cuil. à soupe de raifort • 1 cuil. à soupe de vinaigre aromatisé (xérès, framboises...) • sel, poivre blanc du moulin

Réalisation

Dans une jatte, battez le fromage blanc avec la crème fraîche. Incorporez le raifort râpé puis ajoutez le vinaigre. Assaisonnez.

Notre conseil : cette sauce agrémente toutes vos crudités à merveille.

SAUCE MEXICAINE

4 pers. **Préparation : 10 min 109 calories/personne**

• 1 avocat bien mûr • 1 citron vert • 1 cuil. à soupe de purée de piment • 2 cuil. à soupe de crème fraîche allégée à 5 % de MG • sel

Réalisation

Coupez l'avocat en deux, retirez le noyau et

extrayez-en la pulpe à l'aide d'une petite cuillère. Citronnez-la. Réunissez dans le bol de votre mixeur l'avocat, la purée de piment et une pointe de sel. Mixez jusqu'à obtention d'une purée homogène. Incorporez la crème et rectifiez l'assaisonnement si nécessaire. Placez au frais et servez avec des crudités ou pour farcir des fonds d'artichaut, par exemple.

VINAIGRETTE À LA MÉLISSE

4 pers. **Préparation : 10 min 145 calories/personne**

• 4 cuil. à soupe de vinaigre balsamique • 6 cuil. à soupe d'huile d'olive • 2 tomates moyennes • quelques feuilles de mélisse • fleur de sel, poivre du moulin

Réalisation

Mondez, épépinez et coupez les tomates en petits dés. Lavez et ciselez la mélisse. Dans une jatte, mélangez l'huile, le vinaigre, les dés de tomate, la mélisse et assaisonnez à votre convenance.

Notre conseil : servez cette sauce avec des salades de pâtes et autres féculents ainsi que des crudités.

VINAIGRETTE AU BASILIC FRAIS

4 pers. **Temps de préparation : 5 min 93 calories/personne**

• 4 cuil. à soupe de vinaigre de xérès • 3 cl de bouillon de volaille dégraissé • 4 cuil. à soupe d'huile d'olive extra vierge • 1 bouquet de basilic frais • sel, poivre gris moulu.

Réalisation

Placez tous les ingrédients excepté l'huile d'olive dans le bol de votre mixeur et mélangez à grande vitesse. Incorporez l'huile en filet en remuant sans cesse jusqu'à obtenir une consistance onctueuse.

Notre conseil : servez cette sauce avec des salades, des fromages frais, des viandes blanches et des poissons froids.

VINAIGRETTE AUX ÉPICES

4 pers. **Préparation : 5 min 140 calories/personne**

• 3 citrons • 1 cuil. à soupe de moutarde de Dijon • 1 jaune d'œuf • 2 cuil. à soupe d'huile de colza • 2 cuil. à soupe d'huile d'olive extra vierge • 50 cl de bouillon de volaille dégraissé • 1 cuil. à café de curry en poudre • 2 pincées de quatre-épices • 1 pincée de safran en poudre • sel, poivre du moulin

Réalisation

Dans un shaker, mélangez tous les ingrédients excepté le bouillon de volaille que vous ajouterez en dernier après l'avoir réchauffé sur feu très doux.

Notre conseil : servez cette sauce avec des crudités et des viandes blanches froides.

INDEX DES RECETTES

•

LES VIANDES ET VOLAILLES

LES LÉGUMES ET FÉCULENTS

LES DESSERTS

LES SAUCES